やさしい
C言語/C++
入門

日向俊二●著

■サンプルファイルのダウンロードについて

本書掲載のサンプルファイルは、下記 URL からダウンロードできます。

https://cutt.jp/books/978-4-87783-459-3/

はじめに

　プログラミング言語である C 言語と C++ 言語は、主要なプログラミング言語の中でも昔から特に重要な言語です。そして、現在でも進化している、技術者にとって必要不可欠な言語です。

　C 言語は、言語としては比較的シンプルです。そのため、習得が比較的容易で、プログラミングの基礎教育にも良く使われますが、概念の習得がやや難しいポインタや再帰のような要素もあります。

　C++ は、オブジェクトを扱うプログラミングに対応できるように C 言語を拡張してクラスを導入したプログラミング言語です。C++ はもともとは C 言語を拡張して作られた言語であるため、C 言語の知識に C++ 特有の事項を追加するだけでマスターすることができます。

　本書では、C 言語と C++ との関係に着目して、C 言語と C++ を並行してやさしく解説します。

　本書は、C 言語と C++ 言語を同時にマスターしたい読者や、C 言語について多少知識があって C 言語についての知識を確実にしながらさらに C++ を習得したい読者のための、C 言語と C++ のやさしい入門書です。

　C 言語と C++ を並行して学ぶことで、C 言語 /C++ を効率よく学べるだけでなく、それぞれの言語の特性についての理解をより深めることができます。

2023 年春 著者しるす

■ 本書の表記

C/C++	C 言語と C++ 言語を表します。
【C++】	C++ 言語固有の事柄を表します。
()	ひとまとまりの実行可能なコードブロックである関数であることを示します。たとえば、main という関数を表すときに、「main という名前の関数」や「関数 main()」と表記しないで、単に「main()」と表記することがあります。
abc123	斜体で示す語は、そこに具体的な文字や数値、式などが入ることを表します。たとえば「if (*expr1* < *expr2*)」は、「if (x < 0)」や「if (a + b < 100)」などとなることを表します。
0x*n*	0x で始まる表記は 16 進数表現の整数であることを表します。たとえば、0x41 は 10 進数で 65 であることを表します。
0*n*	0 で始まる数値の表記は 8 進数表現の整数であることを表します。たとえば、041 は 10 進数で 33 であることを表します。
...	書式の説明において「...」は、任意の個数を記述できることを示します。
[ ]	書式の説明において [と] で囲んだものは、省略可能であることを示します。
［Key］	キーボードのキーを押すことを示します。たとえば、［F5］は F5 キーを押すことを意味します。
［A］+［B］	キーボードの A キーを押したまま B キー押すことを示します。たとえば、［Ctrl］+［F5］は Ctrl キーを押したまま F5 キーを押すことを意味します。
>	Windows のコマンドプロンプトを表します。
$	Linux や WSL など UNIX 系 OS のコマンドプロンプトを表します。

Note 本文を補足するような説明や、知っておくとよい話題です。

処理系　　　C/C++ のコンパイラの具体的構成やコンパイルの方法、それが生成するファイルなどは、OS やコンパイラの種類とバージョンによって異なります。ある OS の特定の種類の特定のバージョン全体を表すときに、処理系という言葉を使います。たとえば、Linux 系の GCC と Windows で Microsoft のコンパイラを使うときはそれぞれ別の処理系であるとみなします。

標準出力　　C/C++ のプログラムでは、出力にウィンドウを使うことがよくありますが、パイプやリダイレクトという OS の機能を使って他のファイルやデバイスへと出力することもできます。C/C++ ではこれを標準出力と呼びます。

標準入力　　C/C++ のプログラムでは、入力にキーボードを使うことがよくありますが、パイプやリダイレクトという OS の機能を使って他のファイルやデバイスから入力することもできます。C/C++ ではこれを標準入力と呼びます。

ターミナル　コマンドラインを入力してプログラムを起動したり、入力や表示を行う場所（典型的にはウィンドウ）を指します。Linux など UNIX 系システムでは一般にターミナル（Terminal）と呼ばれますが、Windows 10 の場合は「コマンド プロンプト」か「PowerShell」（切り替え可能）で、Windows 11 の場合は既定のターミナルは「Windows Terminal」または「Windows ターミナル」という名前で用意されています。ターミナルという言葉を初心者に理解しやすいように標準出力の代わりに使うことがあります。

キーボード　標準入力からの入力を、初心者にわかりやすいようにキーボードからの入力と呼ぶ場合があります。

■ ご注意

- 本書の内容は本書執筆時の状態で記述しています。C/C++ の場合、コンパイラの種類やバージョンによって異なる点があり、一般的でない環境の場合は、本書の記述と実際とが異なる結果となる可能性があります。また、第 12 章の記述内容は処理系や実行環境に依存します。

- 本書は C/C++ のすべてのことについて完全に解説するものではありません。必要に応じて C/C++ のドキュメントなどを参照してください。

- 本書のサンプルは、プログラミングを理解するために掲載するものです。実用的な

アプリとして提供するものではありませんので、ユーザーのエラーへの対処やセキュリティー、その他の面で省略してあるところがあります。

■ 本書に関するお問い合わせについて

本書の内容に関するご質問については、sales@cutt.co.jp にメールでお問い合わせください。

なお、本書の記述内容から外れるご質問にはお答えできません。特に、特定の環境における特定のコンパイラや開発ツールのインストールや設定、使い方、読者固有の環境におけるエラーなどについてご質問いただいてもお答えできませんので、あらかじめご了承ください。

お問い合わせの際には下記事項を明記してください。

- 氏名
- 連絡先メールアドレス
- 書名
- 記載ページ
- お問い合わせ内容
- 実行環境

もくじ

第8章　配列とポインタ……199

第9章　構造体とクラス……227

第10章　テンプレート【C++】……267

第 1 章

C 言語と C++ の
基礎知識

ここでは C 言語と C++ についての基本的なことがらを
紹介します。

1.1　C 言語と C++

C 言語は、現在、最も重要で広く使われているプログラミング言語の一つです。

C++ 言語は C 言語を拡張して作成されたオブジェクト指向プログラミング言語です。言い換えると、C++ は C 言語から生まれました。そのため、C 言語と C++ のシンタックスの大半は同じです。実際、C++ のプログラムの中では C 言語のコードをほとんどそのまま使うことができます。そのため、C++ 固有のいくつかの点を除くと、C 言語と C++ はほとんど同じものと考えることも可能です。しかし、それぞれの言語を適切に利用するためには、それぞれの言語の特性をきちんと把握しておく必要があります。

ここでは、C 言語と C++ のプログラムについて最も基本的なことを説明します。

◆ C 言語

プログラミング言語 C は、さまざまな目的に使われている、最も重要なプログラミング言語の一つです。また、C 言語は、現在、いろいろな分野で広く使われている多様なプログラミング言語の中では、歴史が比較的長く、標準化が進んでいるため、さまざまなシステムでコンパイルして実行できるプログラミング言語でもあります。

C 言語の特徴は次のとおりです。

- プログラミング言語として標準化されており、そのライブラリもまた標準化されています。システムコールやウィンドウシステムのようなプラットフォーム固有の機能に依存する部分を除いて、プログラムの移植が比較的容易です。
- 言語仕様が比較的単純でありながら、機能を実現するさまざまなライブラリを活用することで複雑高度なことも実現できます。
- システムのリソース（メモリや CPU など）を直接利用する、OS やデバイスドライバのような低レベルのプログラムの記述にも適しています。組み込み機器のソフトウェアのプログラミングにも良く使われます。
- コンパクトで高速なプログラムを記述したり生成したりすることが可能です。
- C 言語で記述したモジュールは、他のプログラム言語とのリンクの標準的な方法として使われることが多く、さまざまなプログラム言語のプログラムとのリンクが比

較的容易です。C++ のプログラムも C 言語のインターフェイスを介して他の言語の
モジュールとアクセスできるようにすることができます。

C 言語が理解しやすいといえる例をいくつか示します。

```
x = y * 2;
```

これは、y という変数に入っている値を 2 倍して、結果を変数 x に保存するコードの
例です。直感的にとてもわかりやすいです。

```
printf("Hello, C¥n");
```

これは、printf という名前の関数と呼ばれるものを使って、「Hello, C」と出力（表示）
して改行するコードです。printf() は文字列を出力するもので、¥n は改行のためのシン
ボルを示すことがわかれば、その動作は容易に理解できるでしょう。
　なお、これはコード断片なので、これだけでは実行できません。実行できるプログラ
ムはあとで示します。

◆ C++

　プログラミング言語 C++ は、**オブジェクト指向プログラミング**のために生まれたプロ
グラミング言語です。オブジェクト指向では、クラスというものを定義してオブジェク
トというもの作って利用します。そして、クラスにはデータと操作や処理を行うための
コードが含まれますが、これについては第 9 章「構造体とクラス」で説明します。
　C++ の特徴は次のとおりです。

- 比較的複雑で大規模なプログラムの、オブジェクト指向プログラミングに適してい
  ます。
- さまざまなクラスライブラリが提供されていて、これを活用することで複雑高度な
  機能を実現でき、また、文字列操作のような単純なことも C 言語より容易にでき
  ます。

- C++ のプログラムの中に C 言語の関数を記述したり、C 言語で記述したモジュールと容易にリンクすることができます。
- C 言語のプログラムと比較すると実行可能コードのサイズが大きくなり、実行時のパフォーマンスも劣る傾向があります。しかし、一般にインタープリタ言語に比べるとかなり高速です。

C++ のプログラムコードの例を次に示します。

```
std::cout << "Hello, C++" << std:endl;
```

これは、演算子 << を使って、「Hello, C++」と出力（表示）して改行するコードです。標準出力（std::cout）に向けて << を使えば文字列を出力できること、std:endl は改行のためのシンボルを示すことがわかれば、その動作は容易に理解できるでしょう。

なお、これはコード断片なので、これだけでは実行できません。実行できるプログラムはあとで示します。

C++ のプログラムコードの例をもう一つ見てみましょう。

```
x = y * 2;
```

これは、y という変数に入っている値を 2 倍して、結果を変数 x に保存する C++ のコードの例です。このコードは C 言語のコードとまったく同じです。つまり、C++ と C 言語はまったく同じ部分があるということです。

◆ C 言語と C++ の関係

C++ が誕生したころは、C++ は C 言語の一種の拡張と考えられていました。C++ が生まれ育った経緯と、C++ と C 言語との関係を理解しておくと、C++ のプログラミングで役に立ちます。ここでは、C++ と C 言語の関係について概説します。

C++ は、現在のプログラミングにおいて最も重要で強力な言語の一つです。しかし、C++ はオブジェクト指向のプログラミング言語としてゼロから作成されたプログラミン

グ言語ではありません（最初からオブジェクト指向言語として作られたプログラミング言語には、たとえばC#やJava、Smalltalkなどがあります）。

初期のC++は、C言語の**プリプロセッサ**（前処理プログラム）を使ってC++に導入された機能を処理する言語として作られました。

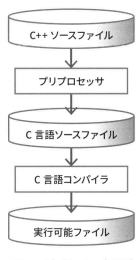

図1.1●初期のC++処理系

そして、現在でもこの考え方は基本的な部分で維持されています。そのため、C++では次のようにC言語の要素を利用することができます。

- C言語のキーワード（文やディレクティブなど）は、C++でもほとんど同じように使うことができます（C++にはC言語のキーワードにC++固有のキーワードが追加されています）。
- 基本的に、C++のコンパイラはC言語のプログラムをそのままコンパイルできます。
- クラスに属さないメンバー（変数、定数、関数など）を定義して使うことができます（JavaやC#のような完全なオブジェクト指向プログラミング言語では、すべてがいずれかのクラスに属します）。
- 普通、C++のコンパイラはC言語のプログラムもコンパイルできます。しかし、逆に、C++の固有の要素は、通常、C言語では直接利用できません。つまり、C++のプログラムの中にC言語のコードを挿入してC++のプログラムとしてコンパイルすること

はできますが、C 言語のソースプログラムの中に C++ のコードを混ぜると、C 言語としてコンパイルできません。

C 言語と C++ の関係を図で表すと次のようになります。

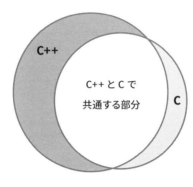

図1.2●C言語とC++の関係

このような C++ の性質は、オブジェクト指向プログラミング言語としては特別な性質といえます。つまり、非オブジェクト指向の C 言語の関数を呼び出すことができたり、C++ のソースの一部に C 言語の形式でプログラムを記述することが可能であるだけでなく、C++ でオブジェクトをまったく使わない手続き型のプログラミングさえ可能です。

◆ C 言語と C++ のプログラミングスタイル ◆

C++ と C 言語の言語キーワードはほとんど同じです。また、C++ のプログラムの中では C 言語のコードをほとんどそのまま使うことができます。しかし、C++ のプログラミングの方法は、本来、C 言語のプログラミングの方法とは異なります。

端的に言えば、**C 言語のプログラミングとは関数を作ることです。**

C 言語のプログラミングでは、目的を達成するための機能を分割して、それぞれ独立した関数として記述します。たとえば、単純な住所録アプリケーションを作る場合、ユーザーからの入力を受け取るための関数、入力データに矛盾がないかどうか調べる関数、データをファイルに保存する関数、ファイルからデータを探して取り出す関数、特定の住所録レコードを表示する関数、住所録のリストを表示する関数など、さまざまな関数

を記述し、それぞれの関数を適切な機会に呼び出すようにプログラムします。

　一方、**C++ のプログラミングとは、端的に言えば、クラスを定義して使うこと**です。

　C++ は、オブジェクト指向プログラミングのためのプログラミング言語です。オブジェクト指向のアプローチでは、一連のものの共通する特性を突き止めて分類し（抽象化）、クラスを定義します。たとえば、住所録アプリケーションを作る場合、住所と氏名などからなる個人の情報のクラスと、そのクラスのインスタンス（オブジェクト）に氏名や住所などを保存するための C++ のクラスのメンバー関数（メソッド）を記述します。

　C++ ではものごとを抽象化してオブジェクトとしてとらえますが、このような作業は特別なことではありません。日常生活の中でも、我々は意識せずにものの特性を見極めて分類し、クラスとしてモデル化します。たとえば、近所の野良犬から山田さんの家のハチ公まで、犬とみなせる動物をすべて犬として扱って、ほかの動物と区別します。そして、犬は哺乳動物に属するということを知ると、犬を、他の哺乳動物が持つ特性と同じ特性を持つものとして認識します。

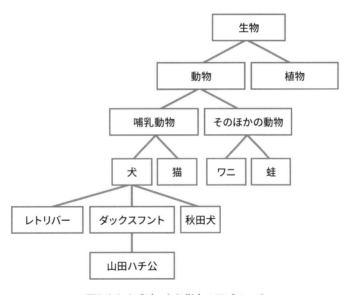

図1.3●オブジェクト指向のアプローチ

　プログラミングにおけるオブジェクト指向のアプローチは、このような考え方をプログラミングに導入したものととらえることができます。

　オブジェクト指向のプログラミングでは、あらゆることを想定し、よく分析し検討し

て可能な限り現実の事象を論理的に矛盾なく扱いやすいように抽象化して**モデル**を考え
ます。オブジェクトのモデル化の方法や結果は、目的や対象によって異なります。また、
複雑な問題を扱う場合には最初の段階ですべてを完全にとらえることが事実上不可能な
ため、試行錯誤を伴う作業になることがあるのがオブジェクト指向プログラミングの特
徴です。たとえば、図 1.3 では動物を哺乳動物とそれ以外の動物に分けました。実生活
においてはこの程度の分類で十分な場合が多いでしょうが、動物を学術的に扱うときに
は、哺乳類、甲殻類、両生類などのように類で分ける必要があるでしょう。また、目的
によっては、「ワンと吠える」、「ニャオと鳴く」、「吠えも鳴きもしない」という基準で分
類するほうが合理的である場合もあります。分類のしかたは目的によって異なり、いず
れが正解でどれが間違いということはありません。プログラミングでも同じことで、目
的に合わせて最適なモデル作りを目指します。

◆ C 言語と C++ の主な違い

C 言語と C++ の主な違いを、以下に示します。これらの意味は本書を読み進めるうち
にわかるようになるので、この段階では C 言語と C++ にはいつくかの違いがあるという
点に注目してください。

- C++ には new と delete や using のような C 言語にはないキーワードがあります。コ
  ンパイラによっては C 言語でも C++ のキーワードが予約されている場合があります
  （C 言語のプログラムの中で C++ のキーワードを変数名などの識別子として使えない
  場合があります）。
- C++ では、関数の引数にデフォルト値を指定できます。
- C++ ではシグネチャ（引数の数や型、戻り値の型）が異なる複数の同じ名前の関数
  を宣言して使うこと（オーバーロード）が可能です。C 言語では同じ名前の関数を
  作ることはできません。
- C++ では、インライン関数や、仮想関数がサポートされています。
- C++ では、テンプレートがサポートされています。
- C++ では、例外が言語でサポートされています。C 言語ではコンパイラがサポートし
  ている場合があります。
- C++ では typedef 宣言しないで構造体を型として宣言できます。C 言語では typedef

を使って構造体にエイリアスを定義する必要があります。

- C++ では、文ブロックの中でローカルなオブジェクト宣言を行うことができます。たとえば、for (int i=0;;) のように for 文の中でもローカルな変数を宣言できます。
- ANSI C++ では、関数をネストできます。
- C++ では、すべての関数は正式にプロトタイプを宣言する必要があります。また、C++ では、型チェックは C 言語より厳しく行われます。

> **Note**
>
> 本来、C 言語ではサポートされていない C++ の機能でも、コンパイラによっては C++ の機能の一部が C 言語でサポートされていることがあります。しかし、初歩の段階では、C 言語ではサポートされていないとされている C++ の機能は、C 言語では使えないと考えておくほうが良いでしょう。

◆ いろいろな C 言語と C++

　C 言語は 1972 年に誕生し、それ以来、いろいろな人々がかかわってそれぞれ改良し開発して来た歴史があります。また、C 言語の拡張として誕生した C++ も当初はさまざまな種類がありました。現在は言語の仕様（バージョンと考えても良い）は ANSI、ISO、JIS で標準規格化されていますが、それでも経年とともに細かい部分が変化しています。主要なものを次に示します。

表1.1 ● C/C++ の主な言語仕様

C	C++
ISO/IEC 9899:2018（C18）	ISO/IEC 14882:2020（C++20）
ISO/IEC 9899:2011（C11）	ISO/IEC 14882:2017（C++17）
ISO/IEC 9899:1999（C99）	ISO/IEC 14882:2014（C++14）
	ISO/IEC 14882:2011（C++11）

　また、C 言語と C++ の処理系（後述するコンパイラを中心としたプログラムを実行できるようにするソフトウェア）にもさまざまな種類とバージョンがあって、プログラムの書き方も厳密にいえば異なる部分が少しあります。

　たとえば、プロセッサ（CPU）には、現在、PC や多くのシステムで良く使われる 64 ビットや 32 ビットのほかに、4 ビット、8 ビット、16 ビット、そして 128 ビットなど、さまざまなものがあります（リモコンや機能を限定した組み込み機器などでは少ないビット数の CPU が採用される傾向があります）。それらの多くは、C 言語（そして C++）でプログラミングできます。これは C 言語 /C++ では特定のハードウェアを想定していないからです。そのため、C 言語（そして C++）コンパイラといっても多種多様なものがあります。たとえば、整数値のサイズは CPU のビット数によって異なり、実数のサイズも異なる上に実数計算が高速でできない CPU さえあるので、特定のコンパイラが扱うことができる数の種類や範囲も異なります。

　とはいえ、現在実際に使われている C 言語や C++ 言語の本質的な部分はほとんど同じなので、本書の範囲では違いを意識する必要はありません。いいかえると、本書で示すプログラムはプログラミングを学ぶために使われる一般的な環境で問題なくコンパイルして実行できます（第 12 章の内容は除きます）。

1.2　プログラムの作成・実行手順

　ここでは、C 言語と C++ 言語の単純なプログラムを作成して実行する手順を解説します。

◆ プログラム開発の流れ

　プログラマーが作成したり編集する C 言語や C++ 言語の**ソースプログラムファイル**は、テキストファイルです。

　プログラマーは、最初にエディターや開発ツールを使ってソースファイルを作成し編集します。そして、それを**コンパイル**して**実行可能なプログラムファイル**を作成し、実行します。

　ここでは、テキストエディターと C/C++ コンパイラを使って C/C++ プログラムを開発するときの作業の流れとコンパイラの処理の過程を概説します。統合開発環境（IDE）や高機能エディターを使って開発する場合でも、開発やデバッグを効率良く行うために、

この基本的な操作の流れとコンパイルの各過程について知っておく必要があります。

 Note　コンパイラと IDE については付録 A「開発環境」で簡単に紹介しています。

　ソースプログラムを作成して実行するまでの手順は次のとおりです。

（1）テキストエディターを使って C/C++ のプログラムのソースファイルを作成したり編集する

　編集したファイルは、C 言語のプログラムの場合、通常、拡張子が **.c** であるファイル名を付けて保存します。C++ のプログラムは、拡張子を **.cpp** か .cc あるいは .cxx などにして保存します。

（2）ソースファイルをコンパイラでコンパイルする

　通常使うコンパイラのコマンドは **gcc**、**g++**（C++）、**cc**（C 言語）、**cl**（Microsoft）などです。

　単純なプログラムをコンパイルして実行する場合は、いずれを使っても操作方法や生成されるみかけの結果はほぼ同じです。

　IDE を使う場合は、たとえばメニューから「ビルド」というコマンドを選択してコンパイルします。なお、プログラムを正しくコンパイルできない場合は、付録 C「トラブル対策」を参照してください。

　コンパイルが問題なく終了すると実行可能ファイルができます。

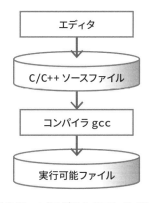

図1.4●C/C++プログラムのコンパイル手順の例

(3) 生成された実行可能ファイルを実行する

　生成されたプログラムファイルを実行します。生成される実行可能なプログラムファイルは、Windowsでファイル名を指定しない場合にはソースファイル名から拡張子を除いた名前に **.exe** を付けた名前です。UNIX系OSでは **a.out** です。なお、コンパイルする際に生成する実行可能ファイル名を指定することもできます。

　以上が基本的なコンパイルの手順です。このあと、プログラムをテストしてデバッグしますので、通常は手順（1）～（3）を繰り返す必要があります。

Note

makeやnmakeとMakefileを使って一連の作業を効率良く行うこともできます。

◆ コンパイルの過程

　普通、単に**コンパイル**（または**ビルド**）と呼んでいる、ソースファイルから実行可能ファイルを生成する処理は、さらに細かく分けることができます。

　実際に行われるコンパイルの過程は、図1.5に示すように、プリプロセス、コンパイル、リンクに分けることができます（図1.5は図1.4をさらに詳しく説明した図です）。

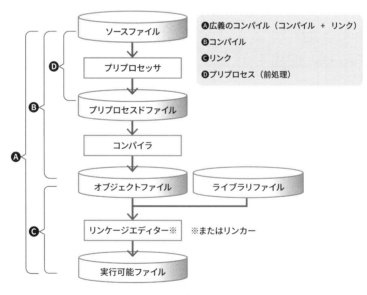

図1.5●C/C++プログラムのコンパイル手順

　　ソースファイルをコンパイルしてオブジェクトファイルを生成するプログラムを狭義
の**コンパイラ**といいます。ソースファイルを前処理（プリコンパイル）する部分だけを、
特に**プリプロセッサ**といいます。

　　オブジェクトファイルをほかのオブジェクトファイルやライブラリとリンクして実行
可能ファイルを生成するプログラムを、**リンカー**またはリンケージエディターといいま
す。

　　「プログラム開発の流れ」で説明したコンパイルのコマンド（gcc や g++、cl など）は、
正確にいえば、コンパイルとリンクを制御するコマンドです。プログラムを単にコンパ
イルして実行可能ファイルを作成するときには、コンパイルとリンクを制御するコマン
ドである gcc や g++ だけを使ってコンパイルできます。しかし、複数のソースファイル
をコンパイルしてリンクするような場合や、デバッグや効率的なコンパイルオプション
の指定などでこのようなコンパイルの詳しい過程を知っておくと役立ちます。

1.3　はじめての C 言語プログラム

　　ここでは C 言語の最も基本的なプログラムを作成して実行する方法を示します。プロ
グラムの内容については気にしないで、プログラムを実際に作成してコンパイルし、実
行してみましょう。

◆ C 言語の Hello プログラム

　　ここでは、「hello, C」という文字列を表示して終了する小さなプログラムを作成します。
この最も基本的な C 言語のプログラムのリストを次に示します。

リスト 1.1 ● hello.c

```
/*
 * hello.c
 */

#include <stdio.h>
```

```c
int main(int argc, char* argv[])
{
  printf("Hello, C¥n");

  return 0;
}
```

　このプログラムを正しくコンパイルして実行できれば、C 言語のプログラミングの基本的な環境が整っていることを確認できます。

Note　「`"Hello, C¥n"`」の ¥ は、環境によっては \ で表示されます。

◆ ディレクトリの作成

　通常、プログラムを作るときには、最初にそのプログラム専用のディレクトリを作成します。この場合、hello という名前のプログラムなので、mkdir コマンドでサブディレクトリ hello を作成します。そして、cd コマンドでカレントディレクトリを hello にします。

　UNIX 系 OS の場合は、次のようにします。

```
$ mkdir hello
$ cd hello
```

　Windows の場合は、次のようにします。

```
>mkdir hello
>cd hello
```

　IDE でプログラムを作成して実行するためには、新しい C 言語プログラムのプロジェクトを作成します。

Note IDE を使う場合には付録 A「開発環境」も参照してください。

◆ プログラムの編集

　テキストエディターを起動してリスト 1.1 のプログラムを入力します。テキストエディターの種類は、プログラムをテキストファイルとして保存することができれば何でもかまいません。図 1.6 は Windows のメモ帳で入力した例です。

```
hello.c - メモ帳                                    □  ×
ファイル(F)  編集(E)  書式(O)  表示(V)  ヘルプ(H)
/*
 * hello.c
 */

#include <stdio.h>

int main(int argc, char* argv[])
{
    printf("Hello,|C¥n");

    return 0;
}
```

図1.6●メモ帳で入力した例

　プログラムを入力したら、hello.c という名前を付けてファイルに保存します。

◆ コンパイル

　コンパイラを直接使ってコンパイルするには、gcc または cc、cl、BCC32 などのコンパイラのコマンドを使ってコンパイルします。

　一般的に基本的なコンパイル方法は、次のようにコンパイラの名前のあとに -o オプションと実行可能ファイル名を指定し、さらにソースファイル名を指定する方法です。

```
gcc -o hello hello.c
```

　このコマンドラインの -o は、多くの C/C++ コンパイラの出力ファイル名を指定するためのオプションです。

この例の場合、コンパイルが問題なく終了すると、指定したとおり「hello」という名前の実行可能ファイルが生成されます（Windowsでは hello.exe という名前の実行可能ファイルが生成されます）。

-o オプションを付けずに、コンパイラの名前の後にソースファイル名を指定することもできます。

```
gcc hello.c
```

こうすると、実行可能ファイル名が自動的に a.out（Windowsの場合は a.exe）になります。

◆ **実行** ·· ◆

エラーメッセージが表示されなければコンパイルが成功しているので、「./hello [Enter]」と入力して実行します。

UNIX系OSやWindowsの新しいシェルの場合は次のようにします。

```
$ ./hello
Hello, C
```

./ は、カレントディレクトリのファイルであることを示します。

Windowsの従来のコマンドプロンプトの場合や環境変数 PATH にカレントディレクトリ（.）が含まれていれば、「hello [Enter]」で実行することができます。

```
> hello
Hello, C
```

プログラムを正しくコンパイルしたり実行できない場合は、付録C「トラブル対策」を参照してください。また、IDEを使う場合は、それぞれのドキュメントを見て hello プログラムを作成してみてください。

Note リスト 1.1 はファイル名を hello.cpp のようにして C++ のファイルとして作成してもコンパイルして実行できます。これは C++ に C 言語の要素が含まれていてそのまま使えることを示す例です。

1.4　はじめての C++ のプログラム

ここでは C++ の最も基本的なプログラムを作成して実行する方法を示します。

◆ C++ の Hello プログラム

C++ の最も基本的なプログラムを次に示します。これは、「Hello, C++」という文字列を表示して終了する小さなプログラムです。

リスト 1.2 ● hello.cpp

```
// hello.cpp
#include <iostream>

int main(int argc, char* argv[])
{
  std::cout << "Hello, C++" << std::endl;

  return 0;
}
```

このプログラムを正しくコンパイルして実行できれば、C++ のプログラミングの基本的な環境が整っていることを確認できます。

◆ ディレクトリの作成

通常、プログラムを作るときには、最初にそのプログラム専用のディレクトリを作成します。この場合、「hello」という名前の C++ プログラムなので、mkdir コマンドでサブディレクトリ hellocpp を作成します。そして、そのあとで、cd コマンドでカレントディレクトリを hellocpp にします。

UNIX 系 OS の場合は、次のようにします。

```
$ mkdir hellocpp
$ cd hellocpp
```

Windows の場合は、次のようにします。

```
>mkdir hellocpp
>cd hellocpp
```

IDE でプログラムを作成して実行するためには、新しい C 言語プログラムのプロジェクトを作成します。

Note　IDE を使う場合には付録 A「開発環境」も参照してください。

◆ プログラムの編集

テキストエディターを起動してリスト 1.2 のプログラムを入力します。

プログラムを入力したら、hello.cpp という名前を付けてファイルに保存します。

◆ コンパイル

コマンドラインからのコンパイルの方法はコンパイルのコマンドが変わるだけで、本質的には C 言語の場合と同じです。

g++ または cl などの C++ コンパイラのコマンドを使ってコンパイルします。

　一般的に基本的なコンパイル方法は、次のようにコンパイラの名前のあとに -o オプションと実行可能ファイル名を指定し、さらにソースファイル名を指定する方法です。

```
g++ -o hellocpp hello.cpp
```

　このコマンドラインの -o は、多くの C/C++ コンパイラの出力ファイル名を指定するためのオプションです。

　この例の場合、コンパイルが問題なく終了すると、指定したとおり「hellocpp」という名前の実行可能ファイルが生成されます（Windows の場合は hellocpp.exe という名前になります）。

◆ **実行** ．．◆

　エラーメッセージが表示されなければ、コンパイルが成功しているので実行します。
UNIX 系 OS や Windows の新しいシェルの場合は次のようにします。

```
$ ./hellocpp
Hello, C++
```

　./ はカレントディレクトリのファイルであることを示します。

　Windows の従来のコマンドプロンプトの場合や環境変数 PATH にカレントディレクトリ（.）が含まれていれば、「hellocpp [Enter]」で実行することができます。

```
> hellocpp
Hello, C++
```

　プログラムを正しくコンパイルしたり実行できない場合は、付録 C「トラブル対策」を参照してください。また、IDE を使う場合は、それぞれの製品のドキュメントを見て hello プログラムを作成してみてください。

1.5　C/C++ と日本語

　現在では C 言語や C++ のプログラムの中で日本語をあまり意識せずに使うことができます。しかし、ときには日本語の文字を使ったために、いわゆる文字化けやそのほかのトラブルが発生することがあります。ここでは日本語を使う C/C++ プログラミングに特有なことについて簡潔に取り上げます。

◆ コンピュータと日本語

　現在使われているコンピュータは、もともとは英語圏で開発が進められました。そのため、当初は英数字と一部の記号だけを扱っていて、日本語を扱うことは想定されていませんでした。

　伝統的には、コンピュータでは **ASCII（アスキー）コード** という 1 バイトで表現できる文字コードが使われてきました。C 言語と C++ のプログラミングでも、当初は、文字は 1 バイトで表現できるものとされ、ASCII コードを使うということが前提でした。

　その後、コンピュータで日本語を扱う必要性から、日本語を表現するための文字コードが考案されました。日本語は文字数が多いので、1 バイトでは表現できません。そのため、2 バイト以上のバイトで 1 文字を表します。C 言語と C++ のプログラミングでも、日本語の文字は 2 バイト以上の連続するバイトで表現します。

Note　一時期、半角文字と呼ばれる 1 バイトで表現できるカタカナ文字が使われたことがありましたが、Unicode（ユニコード）が事実上の標準として使われている現在では、いわゆる半角カタカナの使用は推奨されません。

◆ 日本語の表現

　日本語の文字は、Unicode、JIS、シフト JIS、日本語 EUC などで表現することができます。

　かつては、日本語を扱うときにはシフト JIS や日本語 EUC などが使われてきました。

しかし、ネットワークで国境を越えてコンピュータが接続され、国や言語を越えて情報を交換しなければならなくなったので、最近は、コンピュータのあらゆる分野で文字コードとして **Unicode** が使われるようになってきています。そして、ファイルに保存する際やネットワークを使った転送などでは、Unicode が事実上の標準の文字コードとなり、そのエンコード（符号化）方式としては **UTF-8** が多く使われるようになっています。

Unicode では、原則的には 1 文字を 2 バイト以上の情報で表現します。C 言語と C++ の char のサイズは通常は 1 バイトですから、日本語の文字 1 文字は char を 2 個以上使って表現する必要があります。

なお、UTF-8 エンコーディングの Unicode 文字は 1 文字を 1 〜 4 バイト（最長 6 バイト）の可変長の数値で表します（Unicode だからといって常に 2 バイトで表現されるわけではありません）。

◆ ロケール

地域や国によって変わるのは文字だけでなく、日時や金額の表記なども地域や国によって変わることがあります。日時や金額の表記のような地域や国によって変わることは、**ロケール**（locale）で表現します。

日本語を使う C 言語と C++ のプログラムでは、必要に応じてたとえば次のようにしてロケールを日本に設定します。

```
setlocale(LC_ALL, "Japanese");
     // または
setlocale(LC_ALL, "ja_JP.UTF-8");
     // または
setlocale(LC_ALL, "ja_JP.EUC");
```

LC_ALL はロケールに関するあらゆる設定を変更することを意味します。このほかに、たとえば、LC_CTYPE（文字列処理関数のロケール）、LC_NUMERIC（数値の表現）、LC_MONETARY（金額の表現）、LC_TIME（日時の表現）など、個別にロケールを指定することもできます。

なお、英数字を処理する関数には、ロケールを日本に設定すると正常に機能しない場合があります。たとえば、システムによっては、locale を C 以外にすると、英数字かど

うかを返す関数 isalnum() が 0x80 以上の文字に対して true を返すことがあります。そのような場合には「setlocale(LC_ALL, "C");」または「setlocale(LC_CTYPE, "C");」を使います。

◆ 日本語を含むプログラム

　一般的には、そのシステムのネイティブな文字コードを使って作ったソースコードは、そのシステムのコンパイラでそのままコンパイルして、そのまま実行できるのが普通です。現在では多くのシステムが UTF-8 をサポートしているので、文字列リテラルに日本語を含むプログラムであっても、UTF-8 でプログラムのソースコードを作成し、UTF-8 の環境で普通にコンパイルして実行すれば問題は発生しないでしょう。

　日本語を含むプログラムをコンパイルして実行したときに何らかのトラブルが発生したら、そのプログラムを実行する環境のネイティブな文字コード（エンコード）を調べて、ソースファイルの文字コードと実行する環境のネイティブな文字コードを一致させてください。

　Windows ではまだシフト JIS（ANSI）が使われていることがあります。Windows の日本語表示で文字化けが発生した場合は、ソースファイルと文字列を表示させるウィンドウのエンコードを一致させます。

　ソースファイルと文字列を表示させるウィンドウのエンコードを一致させるには、ソースファイルのエンコーディングを変換する方法と、ウィンドウのコードページを変える方法があります。ウィンドウのコードページを変えるには、ソースファイルが UTF-8 で保存されていて、Windows のウィンドウを UTF-8 に対応させたいときには「chcp 65001」を実行します。ソースファイルがシフト JIS で保存されていて、ウィンドウをシフト JIS に対応させたいときには「chcp 932」を実行します。

　なお、第 4 章で説明するような char の配列に文字列を保存する方法では、環境によっては入出力で日本語を正しく扱えない場合があります。これは、ソースファイル、ターミナル、プログラム内部のそれぞれの文字エンコーディングと、文字列操作関数の実装の状況による複雑な問題です。そのため、本書ではこの問題を避けるために、キーボードやファイルから char の配列に読み込むような文字列には原則として日本語を使わないものとします。

文字化けについては付録 C「トラブル対策」も参照してください。

■ 練習問題 ■

1.1 C 言語の Hello プログラムを作成してコンパイルし、実行してください。

1.2 C++ の Hello プログラムを作成してコンパイルし、実行してください。

第**2**章

C/C++ の
基本要素

この章では、プログラミング言語としての C 言語と
C++ の基本的な要素について説明します。

作成するプログラムの種類に関係なく、C 言語と C++
のソースプログラムの基本的な構造は同じです。

C++ が C 言語と最も異なることは、C 言語の構成要素
に加えてオブジェクト指向プログラミングに必要な要素が
C++ には追加されるという点です。

2.1　C言語プログラムの構成

最も単純な C 言語プログラムである hello.c をもう一度見てみましょう。

リスト 2.1 ● C 言語プログラム hello.c

```c
/*
 * hello.c
 */

#include <stdio.h>

int main(int argc, char* argv[])
{
  printf("Hello, C¥n");

  return 0;
}
```

◆ コメント

/* からはじまり、*/ までの 3 行は**コメント**です。この場合はコメントとしてプログラムの名前を記述しています。このコメントはなくてもかまいませんが、学習や実験用のきわめて小さなプログラムを除いて、どのソースプログラムファイルでも先頭にそのファイルの概要やその他の情報を示すコメントを記述するのが一般的です。

C 言語では /* から */ まではコメントとみなされます。また、現在のほとんどのコンパイラは、// 以降行末までもコメントとして認識します。コメントの詳しい説明と例は、2.2 節「基本要素」の「コメント」を参照してください。

◆ #include ディレクティブ

コメントのあとには、次の行があります。

```
#include <stdio.h>
```

　これは、ほかのファイルを、そのソースプログラムファイルのその場所に**インクルー
ド**する（取り込む、挿入する）ための**ディレクティブ**（一種の命令）です。一般的には、
ファイルの先頭（ヘッダーコメントのあと）に、そのプログラムで使っている関数や定
数を宣言しているモジュールの**ヘッダーファイル**（C言語の場合は .h ファイル、C++ の
場合は拡張子のないファイル名）を、**#include** を使ってインクルードします。

　C言語やC++では、あらかじめ宣言されていない名前（識別子）は基本的に使えない
ので、そのプログラムで使っている名前を定義しているヘッダーファイルを必ずインク
ルードしなければなりません。この場合は、あとで使っている printf という名前のため
に、標準的な入出力について宣言されているファイルである stdio.h をインクルードし
ています。

ヘッダーファイルには、宣言だけでなく、定義も記述されている場合があります。

◆ main()

　C言語のプログラムは、プログラムが起動すると自動的に実行される特別な関数であ
る**エントリー関数**から実行されます。エントリー関数の名前は通常は **main()** です。
　hello プログラムでは、main() を次の形式にしています。

```
int main(int argc, char* argv[])
```

　これは関数 main() が終了したときに整数（int）の値を返し、最初に main() が呼び出
されたときに、**コマンドラインの引数**の数を整数（int）型の変数 **argc** で、引数の文字
列の配列を文字の配列のポインタ **argv** で受け取ることを意味しますが、今の段階では C
言語のプログラムは、このような形式の main() から実行が開始されると考えておいてく
ださい。

なんらかのフレームワークを使う場合には、main() に代わる特定のエントリー関数が用意されている場合や、エントリー関数を使わない場合もあります。たとえば、Windows アプリケーションを作成するときには、main() は Windows アプリケーションのための基本的な部分としてすでに記述されているものを使うので、一般のプログラマーはエントリー関数としての main() は使いません。

なお、main() が返す値がない場合や、コマンドライン引数を受け取る必要がないなどの場合には、次のようにしてもかまいません。

```
int main()

void main(void)
```

ただし、上記のような main() を記述すると、コンパイラによってはエラーになることがあります。

◆ コード

最初に実行されるプログラムコードは main() の { と } の間に書きます。この場合は次の 2 行です。

```
printf("Hello, C¥n");

return 0;
```

最初の「printf("Hello, C¥n");」は文字列 "Hello, C¥n" を出力(表示)します。printf の実体は別のところに定義されていて、通常はコンパイルする際に自動的にリンク(結合)されます。

「printf("Hello, C¥n");」の行の最後のセミコロン(;)は、コード行の終わりを表します。

「return 0;」は main() が終了したときに OS（またはこのプログラムを呼び出したモ
ジュール）にゼロを返します。main() を起動した側はゼロが返されることで問題なく終
了したことを、ゼロ以外の値が返されたことでエラーがあったことを認識することがで
きます。

2.2 C++ 言語プログラムの構成

最も単純な C++ プログラムである hello.cpp をもう一度見てみましょう。

リスト 2.2 ● C++ プログラム hello.cpp

```cpp
// hello.cpp
#include <iostream>

int main(int argc, char* argv[])
{
  std::cout << "Hello, C++" << std::endl;

  return 0;
}
```

◆ コメント

// からはじまり、行末までは C++ のコメントで、コメントについては C 言語と基本的
には同じです。コメントの詳しい説明と例は、2.3 節「基本要素」の「コメント」を参
照してください。

◆ #include ディレクティブ

コメントのあとには、次の行があります。

```
#include <iostream>
```

この #include ディレクティブは、このプログラムで使っているシンボルや演算子を宣言しているファイル iostream をインクルードします。

C 言語のときにインクルードした stdio.h ではなく iostream をインクルードしているのは、C++ では標準的な入出力について iostream で宣言されているからです。

Note C++ は C 言語の要素を使えるので、C++ のプログラムで C 言語の printf() を使うこともできます。その場合は stdio.h をインクルードします。

◆ main()

基本的には、エントリー関数 main() は C 言語の場合と同じと考えてかまいません。

◆ コード

実行されるプログラムコードで C 言語のときと違うのは次の行です。

```
std::cout << "Hello, C++" << std::endl;
```

最初の「**std::cout**」は、名前空間 std に定義されている cout を表し、**標準出力**といいます。標準出力は簡単にいえばこのプログラムを起動したターミナル（コマンドプロンプト）ウィンドウのことで、「Hello, C++」という文字列が表示されるところです。

<< は、その右側のものをその左側のところに送り込むための演算子です。この場合は「std::cout << "Hello, C++"」なので、「Hello, C++」という文字列を std::cout に送り込み、結果として文字列が表示されます。

「<< std::endl」は、さらに std::endl を標準出力に送り込みます。この **std::endl** は改行を表すシンボルです。

<< で出力するための実体は別のところに定義されていて、コンパイルする際に自動的にリンク（結合）されます。

Note 名前空間については第 11 章で説明します。

2.3 基本要素

ここでは C/C++ プログラムの最も基本的な要素である、空白（ホワイトスペース）、コメント、識別子（名前）、定数、変数などについて説明します。ここで解説することは、ほとんどどのような種類のプログラムを記述する際でも必須の事項です。

◆ 空白

空白とみなされる、スペース、タブ、改行、復帰などの総称を**ホワイトスペース**と呼びます（改行、復帰はホワイトスペースに含まない場合もあります）。ここではホワイトスペースを「**空白**」と表記します。

C/C++ では、以下のような場合を除いて、原則的に空白をいくつでも自由に挿入したり削除できます。

- キーワードや変数などの名前の中には空白は挿入できない
  たとえば、「MyName」という名前を変数や関数などの名前として使うことができますが、空白を含む「My Name」のような名前は定義できません。
- トークンの前後にある必要不可欠な空白は削除できない
  トークン（言語要素）の区切りとして必要な空白は削除できません。たとえば、if や return などのキーワードの前後には少なくとも一つ以上の空白が必要です。

- 2 文字で意味をなす演算子は、文字間に空白を入れることができない

    たとえば、等価であるかどうか示す演算子 == は 2 文字で一つの意味をなす演算子なので、= = のように二つの文字の間に空白を入れることはできません。同様に空白を間に入れることができない 2 文字以上の演算子には、たとえば、不等であることを示す演算子 !=、インクリメント演算子 ++、デクリメント演算子 -- などがあります。また、C++ の入出力で良く使われる << や >> も間に空白を入れることはできません。

- 文字列リテラルの中の空白は、挿入した数だけそのまま評価される

    文字列リテラル（プログラムの中に埋め込まれた文字列）の中に空白を文字と文字の間に 5 個入れれば、それを出力したときには空白 5 個分だけスペースがあきます。一方、ソースコードのインデント（次で説明）に使う空白は、2 個から 4 個に変更しても、ソースコードの外観が変わるだけで、プログラムの動作や効果には影響を与えません。

◆ インデント

ソースコードを読みやすくするために、行の先頭をほかの行より右側に表示する目的で、行の始めに空白を入れることを**インデント（字下げ）**といいます。

たとえば、main() を次のように書くと、どこまでが main() の内容の範囲であるか、いいかえると { と } で区切られた範囲であるかわかりにくくなります。

```
int main(int argc, char* argv[])
{
printf("Hello, C¥n");
return 0;
}
```

これを次のように空白を入れて、{ と } で区切られた範囲の内容を右にずらすと、範囲がわかりやすくなります。

```
int main(int argc, char* argv[])
{
  printf("Hello, C¥n");
```

```
    return 0;
}
```

　また、たとえば、第 5 章「制御構造」で学ぶ for や if のブロックは、次のようにする
とどこまでが**ブロックの範囲**（{ と } で囲まれた範囲）であるかわかりにくく、論理的
にも追跡しにくいコードになります。

```
for (i=0; ;i++) {
fprintf(stdout, ">");
fgets(buff, 50, stdin);
buff[strlen(buff)-1] = '¥0';
if (strlen(buff)<1) {
n = i;
break;
}
strcpy(org[i], buff);
}
```

　これは、次のようにインデントして適宜空行を入れると、とても明確になります。

```
for (i=0; ;i++)
{
  fprintf(stdout, ">");
  fgets(buff, 50, stdin);
  buff[strlen(buff)-1] = '¥0';

  if (strlen(buff)<1)
  {
    n = i;
    break;
  }
  strcpy(org[i], buff);
}
```

インデントの幅は自由ですが、通常は、一つの字下げの単位を、スペース 2 個、4 個、8 個分のいずれかにするのが普通です。以前はインデント一つの幅としてスペース 8 個または 4 個分にすることが一般的でしたが、現在はスペース 2 個分にすることもよくあります。また、インデントに水平タブを使うこともよくあります。

◆ コメント

コメントはソースプログラムの中に記述できる注釈です。コメントはプログラムの実行に影響を与えません。

コメントには C 言語スタイルのコメントと C++ スタイルのコメントがあります。ほとんどの C/C++ コンパイラが、C 言語のソースファイルであっても C++ のソースファイルであっても C 言語スタイルのコメントと C++ スタイルのコメントの両方をサポートします。

C 言語スタイルのコメントは、/* から */ までがコメントとみなされます。たとえば、次のように記述します。

```
/* これはC言語スタイルのコメント */
```

C 言語スタイルのコメントには改行を含めることができます。そのため、次のように 2 行以上に渡るコメントを記述することが可能です。

```
/* C言語スタイルのコメントなら、
2行以上のコメントも記述できる */

/*
 * こんなふうにコメントブロックを
 * 記述することもできる。
 */

/********************************
 * これでもOK
 ********************************/
```

コメントの中の * や **** は外見を整えるためのものです。

C 言語スタイルの**コメントをネストすることは多くの処理系で認められていません**。C 言語スタイルのコメントのネストとは、「/* これは /* コメント */ のネスト */」のように、/* */ の中に /* */ のコメントを記述することです。

C++ スタイルのコメントは、// 以降、行末までがコメントとみなされます。

```
// これはコメント

if (a) { // このように行の途中から記述することもできる
```

Note 現在のほとんどのコンパイラは、ソースファイルの種類にかかわらず、C 言語スタイルのコメントと C++ スタイルのコメントの両方をサポートします。そのため、多くの場合、C 言語のソースプログラムでも C++ スタイルのコメントを使用可能です。ただし、ごく一部の古いバージョンの C 言語コンパイラは C++ スタイルのコメントをサポートしません。また、コンパイル時のオプションの指定によって、有効なコメントの形式が変わる処理系もあります。
どの C 言語コンパイラでもコンパイルできる C 言語プログラムとして記述したい場合は、C 言語スタイルのコメントを使うと良いでしょう。C++ では C++ スタイルのコメントに加えて C 言語スタイルのコメントも常に使用可能です。

◆ 言語キーワード

#include や #define のようなディレクティブ、if や switch のような文、int や double のような型宣言に使う単語などは、C 言語の**キーワード**です。C 言語のキーワードは再定義できません。また、キーワードと同じ名前を変数名などほかの目的に使うことはできません。

C 言語の主なキーワードは以下のとおりです（詳細はコンパイラが準拠する規格によって異なります）。

auto	break	case	char	const	continue
default	do	double	else	enum	extern
float	for	goto	if	int	long

register	return	short	signed	sizeof	static
struct	switch	typedef	union	unsigned	void
volatile	while				

また、C++ の主なキーワードは次の通りです。

alignas	alignof	and	and_eq
asm	auto	bitand	bitor
bool	break	case	catch
char	char16_t	char32_t	class
compl	const	const_cast	constexpr
continue	decltype	default	delete
do	double	dynamic_cast	else
enum	explicit	export	extern
false	final	float	for
friend	goto	if	inline
int	long	mutable	const
namespace	new	noexcept	not
not_eq	nullptr	operator	or_eq
override	private	protected	public
register	reinterpret_cast	return	short
signed	sizeof	static	static_assert
static_cast	struct	switch	template
this	thread_local	throw	true
try	typedef	typeid	typename
union	unsigned	using	virtual
void	volatile	wchar_t	while
xor	xor_eq		

　良く使われるキーワードの説明と例は、第 3 章以降を参照してください。

　なお、使用可能ですが、使わないことが推奨されているキーワードもあります。たとえば、C++ 11 以降ではキーワード register は使用可能ですが推奨されません。

　また、ほとんどのコンパイラや開発ツールは、それぞれ独自にキーワードを追加しています。

Note これらのキーワードをすべて暗記する必要はありません。プログラミングを行っているうちに主要なキーワードは自然と記憶できるでしょうし、変数名のような使ってはいけないところで覚えてないキーワードを使うとコンパイラがエラーメッセージを出力します。

◆ データ型

C/C++ には**データ型**という概念があります。これは、値はなんらかの型に属するものとして扱います。

たとえば 'A' という文字は文字型、"Hello" という文字列は文字型の配列または String 型のオブジェクト【C++】、123 という値は整数型、23.456 という数は実数というように、値に応じた型を意識してプログラミングを行います。

このようにデータの型というものを考慮する理由は、異なる型の値の演算は意味がないか、意図とは異なってしまう結果を導くことがあるからです。たとえば、100 人という人数と 23.7℃という温度は加算できませんし、仮に加算しても意味はありません。"ABC" という文字列と 123 という値を加算したり乗算することもできません。数は数、文字は文字というように型に分けることで演算が可能になります。

Note Python など一部のプログラミング言語には、原則としてデータ型の概念を使わないものがあります。たとえば "ABC" という文字列と 123 という値を + 演算子で連結して結果として "ABC123" という値を計算するプログラミング言語もあります。しかし、これは大きな間違いを招く原因となりかねません。Python で、実は ABC という変数の値に 123 を加えようとしていたとしても、文字列と数値の演算を可能とするプログラミング言語では + 演算子で連結してしまってもエラーになりません。
このような間違いを防ぐために C/C++ ではデータ型は重要です。

C 言語では、基本的なデータ型のサイズと数値の範囲などは、処理系に依存します。たとえば、ひとことで整数といっても、そのサイズは処理系によって 8 ビットだったり 16 ビットだったりします。

◆ 識別子

識別子とは、プログラムで使う変数、型、関数、クラスなどに付ける名前で、**シンボル**ともいいます。

ここで説明する識別子に関する説明は、変数名、関数名、新しく定義したクラス名、構造体名など、プログラミングで使うほとんどの名前に原則的に当てはまります。また、goto 文のジャンプ先として使う「ラベル」と呼ぶ特殊な識別子も使うことができます。

名前を付けるときには、容易に理解できる範囲で短く簡潔な名前を付けるべきです。識別子の名前付けの規則は処理系やオプションの指定によって異なることがありますが、識別子を付けるときには、基本的には次のような点に注意を払う必要があります。

- 名前には、アルファベットの大文字（A ～ Z）と小文字（a ～ z）、数字（0 ～ 9）、アンダースコア（_）を使うことができます。

ただし、最初の文字は、A ～ Z、a ～ z、あるいは下線記号（_）でなければなりません。最初の文字が数字であってはなりません。wanwan_dog は有効な名前ですが、11_dog は無効です。

なお、C++ では文字 $ を名前に使うことができるなど、コンパイラによってはこのほかの文字も使うことができる場合がありますが、特に理由がない限り、ソースコードの互換性の点から英数字とアンダースコア以外の文字は使わないほうがよいでしょう。

- 識別子には、大文字小文字も含めてキーワードと同じ名前を付けることはできません。

たとえば、if や return などは識別子として使うことはできません。

- 識別子の長さは長過ぎないようにする必要があります。

有効な識別子の長さは規格や処理系によって異なります。たとえば、以前の ANSI C では外部識別子として 6 文字まで、内部識別子（関数内の識別子）として 31 文字までの名前が有効でした。一般的な C++ コンパイラでは、外部識別子は 32 文字、内部識別子

は 250 文字前後までの名前は有効と考えてかまいません。これらの制限を超える長さの名前は、制限を越える部分が無視される場合があります。たとえば、6 文字までが有効である場合、wanwandog と wanwancat とが 6 文字に切り詰められます。その結果、処理系内部や生成されるファイルの中で、どちらも同じ wanwan として扱われるか、wanw_1 と wanw_2 のように自動的に名前が変更されて処理されることがあります。また、C++ のプログラムは同じ名前の関数を定義できることやシンボリックデバッグ情報を付けるためなどの理由で、コンパイラがコンパイル時に名前を変更して長くすることがあります。その際にも名前の長さの制限が適用されて、制限を越える部分が切り捨てられることがあります。以上のような理由から、関数や変数などの名前があまり長過ぎることのないように配慮するべきです。

◆ 定数

定数は、プログラムの実行中に変わらない値です。文字、文字列、数値を定数として指定できます。

定数の定義方法は、#define を使う方法と、キーワード const を使う方法があります。また、一連の整数定数を定義したいときには enum を使って列挙型として定義します（列挙型は第 9 章「構造体とクラス」で説明します）。

#define は、定数を定義するプリプロセッサディレクティブです。次のように使います。

```
// 文字定数（文字定数の定義には''を使う）
#define DEFCHAR 'A'

// 文字列定数（文字列定数の定義には""を使う）
#define MYNAME "Pochi Dog"

// 数値の定数
#define PI 3.14
```

#define を使って定義する定数は、慣例としてそれが定数であることが明確になるように、MYNAME のようにすべて大文字の名前にすることがあります。しかし、これは慣例

であり、定数名を常にすべて大文字にしなければならないわけではありません。

　#define は DEBUG のようなプリプロセッサが使う特別な定数を定義するときにも使います。

　強固なプログラムを開発するためには、定数を定義する場合は、可能な限り #define の代わりに、次に説明するキーワード const を使って定数を定義してください。const で定義した値は型がチェックされるので、より安全確実なプログラミングが可能です。

　キーワード **const** は変数の値が不変であることを示し、文字、文字列、数値のほか、ポインタ宣言にも使うことができます。const を使って宣言した値は、プログラムの実行中に変更することはできません。const で宣言したデータのポインタを関数の引数として使っても、その引数を受け取った関数は値を変更できません。

　定数の宣言の例をいくつか示します（データ型ごとに後の章でも説明します）。

```
// 文字定数（文字定数の定義には''を使う）
const char c = 'A';

// 文字列定数（文字列定数の定義には""を使う）
// stringは標準C++のクラス
const string MyName = "Pochi Dog";

// 実数値の定数
const double pi = 3.14;

// 整数値の定数
const int n = 5;
char name[256] = "Pochi";

// ポインタ宣言。定数変数のポインタしか代入できない
char *const pname = name; // 定数ポインタ
```

　古い C 言語のコンパイラの中には、const をサポートしないものがあります。その場合は #define を使います。

◆ 変数

変数は、値を保存するためのシンボルです。変数を宣言するには、型と名前、および必要に応じて配列のサイズを指定します（データ型ごとの説明は後の章にあります）。

ここではいくつかの変数の宣言例を示します。

```
// 整数変数の宣言
int i;

// 文字変数の宣言
char c; // 文字1文字を保存する

// 文字列変数の宣言
// 文字配列として宣言する
char name[256];

// 文字列の宣言【C++】
string name;

// ポインタ変数の宣言とメモリの確保
char *ps;
ps = (char *)malloc(256);
```

変数名を付けるときには慣例として次のような慣例に従うことがよくあります。

● 単純な役割の整数変数には、i、j、k などを使う

ループのカウンタのような単純な役割の変数には、i、j、k などを使うことがよくあります（Fortran という昔からあるプログラミング言語で誕生して受け継がれている慣例です）。

```
for (int i =0; i++; i<n)    // for文の中で宣言できるのは【C++】だけ
```

●役割を端的に表す名前を付ける

たとえば、文字列バッファから取り出した 1 文字を一時的に保存するための単純な役割の文字変数には c を、文字列変数には s や str を、バッファには buf や buff、buffer などを使うことがよくあります。

●言葉をつなげて名前を作るときには、アンダースコアを入れるか、大文字小文字を適切に使う

```
char MyFavoritSong[256];

int n_box;
```

C/C++ では、変数は使う前に必ず宣言しなければなりません。さらに、C 言語と C++ では次のような違いがあります。

C 言語では、関数の中の変数はすべての実行されるコードの前に宣言しなければなりません。いいかえると、関数の最初のところに、その関数で使う変数をすべて宣言する必要があります。

```
int main(int argc, char* argv[])
{
  int x;     // 関数の最初のところに宣言する

  printf("Hello¥n");

  int y;      // 実行されるコードの後の宣言なのでC言語では間違い
```

C++ では、実行されるコードの中でも変数を宣言することができます。【C++】

```
int main(int argc, char* argv[])
{
  printf("Hello¥n");

  int x;     // C++では、実行されるコードの後でも宣言できる
```

```
for (int i=0; i<n; i++)    // C++ではfor文の中で宣言しても良い
{
```

◆ グローバル変数

ソースファイルの関数定義の外で宣言した変数は、プログラム全体で有効な**グローバル変数**になります。

たとえば、次の total はグローバル変数です。

```
#include <stdio.h>

int total = 0;

int main()
{
    :
}
```

グローバル変数はどこからでもアクセスできるので便利そうに見えるかもしれませんが、予期しない変更を行って発見しにくいバグの原因となることがあるので、特別な理由がない限り使うべきではありません。

Note

たとえば、ビットマップを扱うプログラムで、ビットマップを保存しておいてプログラムのどこからでも素早く値を変更できるようにしたい場合などにはグローバル変数にすることがあります。

2.4　言語とライブラリ

ここでは C/C++ 言語におけるプログラミング言語とライブラリについて解説します。

◆ コンパイラとライブラリ ・・・ ◆

2.3 節「基本要素」で紹介した C/C++ の基本要素や演算子、そして第 5 章「制御構造」で説明する要素には、「文字列を出力する」というような特定の目的のための機能を持ったものが含まれていません。実は、狭義のプログラミング言語としての C/C++ には、「文字列を出力する」というような機能を実現する部分は含まれていません。

通常、C 言語や C++ のプログラミングでこうした特定の機能を使いたいときには、既存の関数ライブラリやクラスライブラリを利用します。たとえば、「文字列を出力する」ためには、通常はあらかじめ作成されていてコンパイラに添付されている標準ともいえるライブラリを使います。

ライブラリは関数を集めてまとめたものです。**ライブラリ関数**は、特定のライブラリに含まれる関数を指します。**クラスライブラリ**は、クラスを集めてまとめたもので、クラスには機能を実現する**メンバー関数（メソッド）**と値を保存する**フィールド**や定数が定義されています。

C/C++ では、それぞれの言語のプログラムにリンクするように作成されたどのようなライブラリでも使うことができますが、主に次のようなライブラリを使います。

◆ C 言語の標準的な関数のライブラリ ・・・・・・・・・・・・・・・・・・・・・・・・・・・・・・・・・・・ ◆

出力（表示）に使う printf()、入力に使う scanf() や gets()、そして文字やメモリ、日付などを扱うような汎用の重要な C 言語の関数が含まれる最も基本的なライブラリが、ほとんどの C 言語のコンパイラに付属しています。一部のコンパイラでは、実数の演算を行うプログラムをビルドするときには math ライブラリを明示的に指定するなど、特定のプログラムに対して特定のライブラリを明示的に指定する必要がある場合があります。C++ のプログラムはこの C 言語の標準的なライブラリ関数も利用できます。

ただし、コンパイラによってはそうした機能をサポートしていないこともあります。

たとえば、組み込みシステム用で通常の入出力を伴わないような用途のための C/C++ コンパイラには、printf() を含むライブラリが含まれていないことがあります。また、システム（OS）の機能を利用する関数の詳細などは、プログラムを実行するプラットフォームによって異なります。

◆ C++ の標準的なライブラリ

C++ プログラムでは、一部の例外を除いて、C 言語の要素をそのまま使うことができ、原則的に C 言語のライブラリ関数をそのまま使うことができますが、加えて C++ 言語特有の機能を使うためのライブラリがコンパイラとともに提供されています。

C++ のプログラミングでは、たとえば、文字列の出力に「cout << s << endl;」のようなコードを使いますが、この「<<」を実現する機能は C++ コンパイラに付いているライブラリに含まれています。

さらに、C++ では通常、STL（Standard Template Library）という標準化されたライブラリを使うことができます（第 10 章で説明します）。

◆ ウィンドウシステムのライブラリ

ウィンドウを扱うようなプログラムを作るときには、X Window System や Windows などのライブラリを使います。たとえば、Windows の GUI プログラムでウィンドウにメッセージを送るときには、Windows の API ライブラリの関数 SendMessage() を使います。

本書ではウィンドウシステムのライブラリについては取り上げません。各ウィンドウシステムの詳しい内容は、各ウィンドウシステムの開発者用ドキュメントを参照してください。

◆ グラフィックスライブラリ

2 次元 /3 次元コンピュータグラフィックスライブラリ OpenGL のようなサブシステムを使うときには、そのライブラリを使います。また、Windows API でもある程度のグラフィックスプログラミングが可能です。

◆ ユーザーのライブラリ ·· ◆

　開発者は、自分で作った関数やクラスをまとめたライブラリを作って使うことができます。

Note プログラミングでユーザーというときには、プログラミング言語のユーザー、すなわちプログラマーを指します。たとえば「ユーザー定義の型」というときには、プログラマーが定義したデータ型を指します。

■ 練習問題 ■

2.1　自分の名前を出力する C 言語プログラムを作ってください。

2.2　自分の名前を出力する C++ プログラムを作ってください。

第 **3** 章

数と計算

C/C++ の基本的な数値型は、整数、浮動小数点数（実
数）、void の 3 種類に分けることができます。ここでは、
数と計算について説明します。

3.1 整数

整数に属する型は、整数と文字を保存するための型です。通常 1 バイトの文字を保存するための型は、実際にはその文字を表す文字コードの整数を保存するため、整数型とみなすことがあります。

Note ここではさまざまなデータ型が登場しますが、初心者は、まず char と int を覚えて、あとは必要に応じて使えるようにして行けば良いでしょう。

◆ 基本的な整数の型

整数の主な基本型を次の表に示します。

表3.1●整数の基本型

型	内容
char	文字（アスキー文字1文字分）を保存する。
signed char	符号付き文字（実際には−128から127の値）を保存する。
unsigned char	符号なし文字（実際には0〜255の値）を保存する。
short int	（int以下の）小さい整数を保存する。単にshortと書くのと同じ。intと同じに扱う処理系もある。
signed short	符号付きの小さい整数を保存する。
unsigned short	符号なしの小さい整数を保存する。
int	整数を保存する。その処理系の標準となるサイズの整数を保存する。多くの32/64ビットコンパイラでは4バイト（32ビット、−2,147,483,648〜2,147,483,647）。16ビットのシステムなどでは2バイト（16ビット、−32,768〜32,767）、8ビットのシステムなどでは1バイト（8ビット、−128〜127）である場合もある。通常はsigned intと同じ。
signed int	符号付き整数を保存する。通常はintと同じ。
unsigned int	符号なし整数を保存する。
long	大きな整数値を保存する。通常はintの2倍のサイズだが、64ビット環境でもほとんどの場合4バイト。

型	内容
signed long	大きな整数値を符号付きの値として保存する。通常はlongと同じ。
unsigned long	大きな整数値を符号なしの値として保存する。

　signed は符号付きである（正と負の数を含む）ことを示し、unsigned は符号なしである（正の数だけを含む）ことを示します。

　char は 1 文字分の情報（実際には 0 〜 255 または –128 〜 127 の整数値）を保存します。char の値が正の整数であるか符号付きであるかということは符号ビットの解釈で変わります。文字と文字列については第 4 章「文字と文字列」参照してください。処理系によって、char は signed char または unsigned char と定義されていて、通常はコンパイルオプションでもどちらかに指定可能です。

　整数型のサイズはコンパイラによって異なります。さらに、long long が指定できる場合があります。long long は long と同じである場合がよくあります。

◆ 整数のサイズと最小 / 最大値

整数型のサイズを調べるときには、**sizeof()** を使います。

リスト 3.1 ● size.c

```
/*
 * size.c
 */
#include <stdio.h>

int main()
{
  int i = 1;
  long l = 1234567;
  long long ll = 1234567890;

  printf("sizeof(i)=%d\n ", (int)sizeof(i));
  printf("sizeof(l)=%d\n ", (int)sizeof(l));
  printf("sizeof(ll)=%d\n ", (int)sizeof(ll));
```

```
    return 0;
}
```

sizeof() は関数ではなく、演算子です。printf() の中の「%d」は整数を出力するときの書式指定です（後述）。

このプログラムをある環境でコンパイルして実行した例を示します（結果は環境によって異なります）。

```
C:¥CCpp¥ch03>gcc -o size size.c

C:¥CCpp¥ch03>size
sizeof(i)=4
sizeof(l)=4
sizeof(ll)=8
```

また、データ型の最小値や最大値を調べるときには、limits.h に定義されている以下のような定数を使います。

表3.2●limits.hの主な定数

定数	値
CHAR_MIN	char型の最小値
CHAR_MAX	char型の最大値
UCHAR_MAX	unsigned char型の最大値
SHRT_MIN	short int型の最小値
SHRT_MAX	short int型の最大値
USHRT_MAX	unsigned short int型の最大値
INT_MIN	int型の最小値
INT_MAX	int型の最大値
UINT_MAX	unsigned int型の最大値
LONG_MIN	long型の最小値
LONG_MAX	long型の最大値
ULONG_MAX	unsigned long型の最大値

※ unsigned の整数値の最小値は 0 です。

リスト 3.2 ● limit.c

```c
/*
 * limit.c
 */
#include <stdio.h>
#include <limits.h>

int main() {
  printf("CHAR_MIN=%d¥n", CHAR_MIN);        // char型の最小値
  printf("CHAR_MAX=%d¥n", CHAR_MAX);        // char型の最大値
  printf("UCHAR_MAX=%d¥n", UCHAR_MAX);      // unsigned char型の最大値
  printf("SHRT_MIN=%d¥n", SHRT_MIN);        // short int型の最小値
  printf("SHRT_MAX=%d¥n", SHRT_MAX);        // short int型の最大値
  printf("USHRT_MAX = % d¥n", USHRT_MAX);   // unsigned short int型の最大値
  printf("INT_MIN = % d¥n", INT_MIN);       // int型の最小値
  printf("INT_MAX = % d¥n", INT_MAX);       // int型の最大値
  printf("UINT_MAX = % u¥n", UINT_MAX);     // unsigned int型の最大値
  printf("LONG_MIN = % ld¥n", LONG_MIN);    // long型の最小値
  printf("LONG_MAX = % ld¥n", LONG_MAX);    // long型の最大値
  printf("ULONG_MAX = % lu¥n", ULONG_MAX);  // unsigned long型の最大値
}
```

　このプログラムをある環境でコンパイルして実行した例を示します（結果は環境によって異なります）。

```
C:¥CCpp¥ch03>gcc -o limit limit.c

C:¥CCpp¥ch03>limit
CHAR_MIN=-128
CHAR_MAX=127
UCHAR_MAX=255
SHRT_MIN=-32768
SHRT_MAX=32767
USHRT_MAX =  65535
INT_MIN = -2147483648
INT_MAX =  2147483647
```

```
UINT_MAX = 4294967295
LONG_MIN = -2147483648
LONG_MAX =  2147483647
ULONG_MAX = 4294967295
```

C++ の iostream には、INT_MAX や INT_MIN のような定数が定義されています。【C++】

リスト 3.3 ● cpplimit.cpp

```cpp
// cpplimit.cpp
#include <iostream>

int main()
{
  std::cout << "INT_MAX=" << INT_MAX << std::endl;
  std::cout << "INT_MIN=" << INT_MIN << std::endl;

  return 0;
}
```

　このプログラムをある環境でコンパイルして実行した例を示します（結果は環境によって異なります）。

```
C:¥CCpp¥ch03>g++ -o cpplimit cpplimit.cpp

C:¥CCpp¥ch03>cpplimit
INT_MAX=2147483647
INT_MIN=-2147483648
```

◆ 整数の表現

　0x*n* または 0X*n* のように 0x や 0X で始まる表記は、**16 進数表現**の整数であることを表します。たとえば、0x41 は 10 進数で 65 であることを表します。
　0*n* のように 0 で始まる表記は、**8 進数表現**の整数であることを表します。たとえば、8 進数 0101 は 10 進数で 65 であることを表します。

　長整数（long）であることを明示的に示したいときには、数値の最後に l または L を付けて、12345l や 54321L のように記述します。

◆ さまざまな整数型

　多くの C/C++ コンパイラは、次のように型指定を組み合わせた表現を使うことができます。

```
unsigned short int
unsigned（unsigned intと同じ）
long int（longと同じ）
signed long
signed long int
unsigned long int
signed long long
signed long long int
unsigned long long
unsigned long long int
```

　また、ほとんどのコンパイラは独自のデータ型を提供しています。たとえば、__int8、__int16、__int32、__int64（数字はビット数を表す）などを使うことができる場合があります。

◆ 整数の入出力

　キーボード（正確には**標準入力**）からの整数の入力には scanf() を使うことができます。
　次の例は、整数（int）の変数 x を宣言して、そこに整数を入力するためのコード例です。

```
int x;
scanf("%d", &x);
```

　scanf() の中の「"%d"」は整数を入力するときの書式指定文字列です。&x は x という

名前の変数のポインタを表します。この段階では、scanf() を使って変数 x に値を入れたいときには &x の形式にすると理解しておいてください。

　複数の数を一度に入力することもできます。次の例は、int の変数 x と y を宣言して、そこに整数を入力するためのコード例です。

```
int x, y;
scanf("%d %d", &x, &y);
```

　出力するときには、printf() を使って、書式指定を %d にすることで整数を出力することができます。

```
printf("%d¥n", x);
```

　あるいは次のようにまとめて出力します。+ は加算（和を求める）演算子です。

```
printf("%d + %d = %d¥n", x, y, x + y);
```

入出力の方法はこの章で説明するほかにもあります。入出力については第 7 章「入出力」でも解説します。

　次の例はキーボードから整数を二つ入力して、それらの値と、その和を出力するプログラムの例です。

リスト 3.4 ● intplus.c

```c
/*
 * intplus.c
 */
#include <stdio.h>

int main(int argc, char* argv[])
{
  int x, y;
  printf("整数をふたつ入力してください:");
  scanf("%d %d", &x, &y);

  printf("%d + %d = %d¥n", x, y, x + y);

  return 0;
}
```

　コンパイルして実行する例を次に示します。

```
C:¥CCpp¥ch03>gcc -o intplus intplus.c

C:¥CCpp¥ch03>intplus
整数をふたつ入力してください:5 6
5 + 6 = 11
```

Note このプログラムを UTF-8 で作成して、Windows の ANSI（シフト JIS）のコマンドプロンプト(ターミナル)でこのプログラムを実行すると**文字化け**が発生します。Windows の場合は、プログラムを実行する前に、コマンドプロンプトウィンドウで「chcp 65001」コマンドを実行してコードページを UTF-8 に変更してください。

整数を 16 進数で出力したいときには、書式指定文字列として %x または %X を使います。

```
int x = 123;
printf("%x\n", x);  // 小文字の16進数で出力 （「7b」と出力される）
printf("%X\n", x);  // 大文字の16進数で出力 （「7B」と出力される）
```

◆ 整数の演算

整数の加減乗除と剰余（割り算の余り）、代入の演算子として次の表に示すものを使うことができます。

表3.3●四則演算

演算子	名前	解説
+	加算演算子	左の値と右の値を加える。
-	減算演算子	左の値から右の値を引く。
*	乗算演算子	左の値と右の値を掛ける。
/	除算演算子	左の値を右の値で割る。
%	剰余(モジュロ)演算子	左の値を右の値で割った余りを求める。

たとえば次のように使います。

```
x + y;       // xとyを加算する
x * y;       // xとyを掛け算する
x * 2;       // xを2倍する
x % 7;       // xを7で割った余りを求める
```

左辺の変数に値や計算結果を代入するための代入演算子は = です。

```
z = x + y;  // xとyを加算した結果を変数zに保存する
```

演算と代入を同時に行うことができ、そのための次のような演算子があります。

表3.4●演算代入演算子

演算子	名前	解説
+=	加算代入演算子	左の値と右の値を加えてその結果を左側の変数に保存する。
-=	減算代入演算子	左の値から右の値を引いてその結果を左側の変数に保存する。
*=	乗算代入演算子	左の値と右の値を掛けてその結果を左側の変数に保存する。
/=	除算代入演算子	左の値を右の値で割ってその結果を左側の変数に保存する。
%=	剰余代入演算子	左の値を右の値で割ってその余りを左側の変数に保存する。

たとえば次のように使います。

```
x += y;      // xとyを加算した結果を変数xに保存する
x *= 2;      // xを2倍した結果を変数xに保存する
x %= 7;      // xを7で割った余りを変数xに保存する
```

次の例は入力された整数を2倍にして出力するC言語プログラムの例です。

リスト 3.5 ● inttwice.c

```
/*
 * inttwice.c
 */

#include <stdio.h>

int main(int argc, char* argv[])
{
  int x;
  printf("整数を入力してください:");
  scanf("%d", &x);

  printf("%dの2倍は%d\n", x, x * 2);

  return 0;
}
```

このプログラムをコンパイルして実行する例を次に示します。

```
C:¥CCpp¥ch03>gcc -o inttwice inttwice.c

C:¥CCpp¥ch03>inttwice
整数を入力してください:5
5の2倍は10
```

◆ インクリメントとデクリメント ⋯⋯⋯⋯⋯⋯⋯⋯⋯⋯⋯⋯⋯⋯⋯⋯◆

　整数型の値は、数を 1 だけ増やしたり、1 だけ減らしたりする演算子を使うことができます。

　数を 1 だけ増やすことを**インクリメント**、1 だけ減らすことを**デクリメント**といいます。

表3.5●インクリメントとデクリメント演算子

演算子	名前	解説
++	インクリメント演算子	値を1だけ増やす。
--	デクリメント演算子	値を1だけ減らす。

　たとえば次のように使います。

```
x = 2;        // xの値は2
y = ++x;      // xがインクリメントされてyは3になる
```

　上の例は変数の前にインクリメント演算子（++）を付けているので、前置インクリメントといいます。前置インクリメントは、変数の値をインクリメントしてから全体を評価します。そのため、上の例で y は 3 になります。

　変数のあとにインクリメント演算子やデクリメント演算子を付けることもできます。そのような演算子の使い方を後置演算子といいます。

　後置インクリメント演算子は、たとえば次のように使います。

```
x = 2;       // xの値は2
y = x++;     // yに2が代入されてからxがインクリメントされて3になる
```

　上の例は変数の後にインクリメント演算子を付けているので、変数の値を評価して代入を行ってから、変数をインクリメントします。そのため、上の例で y は 2 になります。

◆ C++ の整数の入出力【C++】 ◆

　C++ の場合、コンソールからの数の入力には **>>** を使い、出力には **<<** を使うことができます。

　次の例は、変数 x に値を入力する例です。

```
int x;
std::cin >> x;
```

　次の例は、変数 x の値を出力する例です。

```
int x = 10;
std::cout << x << std::endl;
```

　上の例で、std::endl は数を出力した後で改行するために使っています。

　次のように式の結果を出力することもできます。

```
std::cout << x * 2 << std::endl;   // xの2倍の数を出力する
```

　次の例は入力された整数を 2 倍にして出力する C++ プログラムの例です。

リスト 3.6 ● cppinttwice.cpp

```
// cppinttwice.cpp

#include <iostream>
```

```
int main(int argc, char* argv[])
{
  std::cout << "整数を入力してください:";
  int x;
  std::cin >> x;

  std::cout << x << "の2倍は" << x * 2 << std::endl;

  return 0;
}
```

このプログラムをコンパイルして実行する例を次に示します。

```
C:¥CCpp¥ch03>g++ -o cppinttwice cppinttwice.cpp

C:¥CCpp¥ch03>cppinttwice
整数を入力してください:6
6の2倍は12
```

整数を 16 進数で出力したいときには、std::hex を使うことができます。std::hex は**マニピュレータ**と呼ばれます。

```
int x = 123;
std::cout << std::hex << x << std::endl;
```

このコードを実行すると、「7b」と出力されます。

整数の出力マニピュレータを次の表に示します。

表3.6●整数の出力マニピュレータ

表現	マニピュレータ	例
16進数	std::hex	std::cout << std:hex << 32;
10進数	std::dec	std::cout << std:dec << 32;
8進数	std::oct	std::cout << std:oct << 32;

また、2進数の値nは次の形式で出力できます。

```
std::cout << std:bitset<2>(n);
```

3.2 実数

　実数は浮動小数点数として扱います。**浮動小数点数**は、1.2345×10^5 のような形式で表現できる数です。

◆ 浮動小数点数型

　浮動小数点数型には、1.23 や –0.456 のような実数値を保存します。実数は常に符号付きの値です。いいかえると、浮動小数点数型には正の数も負の数も保存できます。
　C/C++ の浮動小数点数の型を次の表に示します。

表3.7●浮動小数点数の基本型

型	内容	典型的なサイズ
float	最小の浮動小数点型	4バイト
double	サイズがfloat型以上long double型以下の浮動小数点型	8バイト
long double	サイズがdoubleと等しい浮動小数点型（型としては異なる）	8バイト

　それぞれの型の実際のサイズと保存できる数の範囲は処理系によって異なります。
　実数計算で通常使うデータ型は double です。たとえば、stdlib.h に宣言されていて文字列（char の配列）を実数に変換する関数は、名前は「ASCII to float」で atof() ですが、float ではなく double 値に変換した値を返します。

```
double atof(const char *nptr);
```

float は単純な数値計算やパフォーマンス（演算速度）が特に重要な場合に使われます。

◆ 浮動小数点数の表現

浮動小数点数は、12.34 のように日常使う表現のほかに、0.123e2（0.123×10^2 = 12.3）や 1.2E-3（1.2×10^{-3} = 0.0012）のように e や E を使って表現することもできます。

データ型が float であることを明示的に示すときには、12.3f や 23.45F のように数値の最後に f または F を付けます。

◆ 実数の入出力

コンソール（一般的にはキーボード）からの実数の入力にも scanf() を使うことができます。

次の例は、実数（double）の変数 x を宣言して、そこに実数を入力するためのコード例です。

```
double x;
scanf("%lf", &x);
```

scanf() の中の「"%lf"」は倍精度実数（double）を入力するときの書式指定文字列です。&x は x という名前の変数のポインタを表します。この段階では、scanf() を使って変数 x に値を入れたいときには &x の形式にすると理解しておいてください。

複数の数を一度に入力することもできます。次の例は、double の変数 x と y を宣言して、そこに実数を入力するためのコード例です。

```
double x, y;
scanf("%lf %lf", &x, &y);
```

出力するときには、printf() を使って、書式指定を %lf にすることで double の数を出力することができます。

```
printf("%lf¥n", x);
```

あるいは次のようにまとめて出力します。+は加算（和を求める）演算子です。

```
printf("%lf + %lf = %lf¥n", x, y, x + y);
```

次の例はキーボードから実数を二つ入力して、それらの値と、その和を出力するプログラムの例です。

リスト 3.7 ● dblplus.c

```
/*
 * dblplus.c
 */
#include <stdio.h>

int main(int argc, char* argv[])
{
  double x, y;
  printf("実数をふたつ入力してください:");
  scanf("%lf %lf", &x, &y);

  printf("%lf + %lf = %lf¥n", x, y, x + y);

  return 0;
}
```

コンパイルして実行する例を次に示します。

```
C:¥CCpp¥ch03>dblplus
実数をふたつ入力してください:2.5 4.6
2.500000 + 4.600000 = 7.100000
```

　実数の書式を指定して出力したいときには、書式指定文字列として次の形式の文字列
を使います。

```
%m.nlf
```

　ここで m は全体の桁数、n は小数点以下の桁数です。
　たとえば、次のように指定します。

```
double x = 123.45;
printf("%8.2lf¥n", x);  // 「  123.45」と出力される
printf("%6.1lf¥n", x);  // 「 123.5」と出力される
```

Note　この他にも実数の出力方法があります。入出力については第 7 章「入出力」でも解説します。

◆ 実数の演算

　実数の計算も、次の場合を除いて、すでに説明した整数の場合と同じ演算子を使って
計算することができます。

- 実数はインクリメントとデクリメントはできない
- 整数の除算の剰余（余り演算子 %）は実数ではできない

　C/C++ では、式の値が float だけの場合は float で行われますが、そうでなければ
double で行われます。たとえば、式に int や float の数が含まれていても、その式の中
に一つでも double の数があれば、計算は double で行われます。これは精度を維持する
ためです。
　次の「0.8 × 1.7」を float と double で計算するプログラムを見てください。

```
float fn, fv;
double dn, dv;
```

```
fn = 0.8f;                      // float型に値を保存する
fv = 1.7f * fn;
printf("v=%12.10f¥n", fv);      // floatの計算結果を出力する

dn = 0.8;                       // double型に値を保存する
dv = 1.7 * dn;
printf("v=%12.10lf¥n", dv);     // doubleの計算結果を出力する
```

この結果は、たとえば次のようになります。

```
fv=1.3600000143
dv=1.3600000000
```

float の計算では誤差が発生していることがわかります。

C/C++ では精度を重視するために実数計算は原則的に double で行うようにするという考え方が貫かれています。たとえば、平方根を求める関数 sqrt() は、引数も結果も double で扱うように定義されています。

```
double sqrt(double x);
```

このように実数計算は原則として double で行うと考えて良いといえますが、いくつか例外あります。

● 精度を重視しない場合には float でもかまわない。
● パフォーマンスを重視するときには float を使用したほうが良い場合がある。

たとえば、次のような、有効数字3桁程度しか考慮しない BMI（Body Mass Index）を求めるプログラムでは float でもかまわないでしょう。

リスト 3.8 ● bmi.c

```
/*
 * bmi.c
```

```
*/
#include <stdio.h>

int main()
{
  float h, w;

  printf("身長(cm)は>");

  scanf("%f", &h);

  printf("体重(kg)は>");

  scanf("%f", &w);

  printf("BMIは=%5.1f¥n", 10000.0f * w / (h * h));

  return 0;
}
```

Note

BMI とは、体重と身長の関係から算出されるヒトの肥満度を表す体格指数です。BMI は次の式で計算します。

$$\mathrm{BMI} = \frac{\text{体重 (kg)}}{\text{身長 (m)} \times \text{身長 (m)}}$$

◆ C++ の実数の入出力【C++】

C++ の場合、コンソールからの実数の入力には >> を使い、出力には << を使うことができます。

次の例は、変数 x に整数値を入力する例です。

```
double x;
std::cin >> x;
```

次の例は、変数 x の値を出力する例です。

```
double x = 10;
std::cout << x << std::endl;
```

std::endl は数を出力した後で改行するためです。

次のように式の結果を出力することもできます。

```
std::cout << x * 2 << std::endl;   // xの2倍の数を出力する
```

次の例は、入力された整数値の 2 倍の値を出力するプログラムの例です。

リスト 3.9 ● dbltwice.cpp

```
// dbltwice.cpp
#include <iostream>

int main(int argc, char* argv[])
{
  double x;
  std::cin >> x;

  std::cout << x << "の2倍は" << x * 2 << std::endl;


  return 0;
}
```

このプログラムをコンパイルして実行する例を次に示します。

```
C:¥CCpp¥ch03>g++ -o dbltwice dbltwice.cpp

C:¥CCpp¥ch03>dbltwice
23.45
23.45の2倍は46.9
```

　C++ で書式を指定して出力したい場合は、<iomanip> に定義されている書式指定マニピュレータ **std::setw** を使います。

```
std::cout << std::setw(n) << x ;
```

　ここで n は全体の桁数です。

　次の例は、入力された実数を 1.25 倍して、全体で 10 桁で出力するプログラムの例です。

リスト 3.10 ● dblmult.cpp

```cpp
// dblmult.cpp
#include <iostream>
#include <iomanip>

int main(int argc, char* argv[])
{
  std::cout << "実数を入力してください:";

  double x;
  std::cin >> x;

  std::cout << std::setw(10) << x * 1.25 << std::endl;

  return 0;
}
```

　std::setw() は必ずしも期待した通りに機能しないことがあります。より細かく表示書式を指定したい場合は、次の例のように std::fixed や std::setprecision を使います。

```cpp
std::cout << std::fixed;
std::cout << std::setprecision(2) << x << std::endl;
```

3.3 さまざまな演算子

C/C++ にはさまざまな演算子が用意されていますが、数の演算や数に関連する操作には以下のような演算子も使うことができます。

◆ < (小なり関係演算子) ◆

書式は次の通りです。

```
expr1 < expr2
```

これは式 expr1 と式 expr2 の大小関係を判定します。式 expr1 の値が式 expr2 の値より小さいと true を返します。

次のコードでは、n1 と n2 を比較して、n1 の方が小さいかどうか調べてその結果を出力します。

```
if (n1 < n2)
  printf("n1の方が小さい\n");
else
  printf("n1の方が大きいか等しい\n");
```

同じことを C++ でやる場合は次のようになります。

```
if (n1 < n2)
  std::cout << "n1の方が小さい" << std::endl;
else
  std::cout << "n1の方が大きいか等しい" << std::endl;
```

if 文はその直後に指定した条件式が真である場合に直後の文を実行し、そうでなければ else のあとの文を実行する実行制御文です。実行制御については第 5 章「制御構造」で説明します。

◆ > （大なり関係演算子）

書式は次の通りです。

```
expr1 > expr2
```

これは式 *expr1* と式 *expr2* の大小関係を判定します。式 *expr1* の値が式 *expr2* の値より大きいと true を返します。

◆ <= （以下の関係演算子）

書式は次の通りです。

```
expr1 <= expr2
```

これは式 *expr1* と式 *expr2* の大小関係を判定します。式 *expr1* の値が式 *expr2* の値より小さいか等しいと true を返します。

例

次の例は、n1 と n2 を比較して、その結果を出力します。

```
if (n1 <= n2)
  std::cout << "n1の方が小さいか等しい" << std::endl;
else
  std::cout << "n1の方が大きい" << std::endl;
```

◆ >= (以上の関係演算子) ....◆

書式は次の通りです。

```
expr1 >= expr2
```

これは式 *expr1* と式 *expr2* の大小関係を判定します。式 *expr1* の値が式 expr2 の値より大きいか等しいと true を返します。

◆ == (等価演算子) ....◆

書式は次の通りです。

```
expr1 == expr2
```

これは式 *expr1* と式 *expr2* の大小関係を判定します。式 *expr1* の値と式 *expr2* の値が等しいと true を返します。

例

次の例では、二つの整数値 n1 と n2 を比較して、その結果を出力します。

```
if (n1 == n2)
  std::cout << "n1とn2は等しい" << std::endl;
else
  std::cout << "n1とn2は違う" << std::endl;
```

C/C++ では同じかどうか調べる等価演算子は = ではなく、== である点に注意してください。== の代わりに間違えて = を使うと、値が代入されてその結果が評価されてしまいますから注意しなければなりません。次の例では、式 n1 = n2 で n2 の値が n1 に代入されるので、n2 が 0 以外の値のとき、常に「n1 と n2 は等しい」と出力されます。

```
if (n1 = n2)
  printf("n1とn2は等しい\n");
else
  printf("n1とn2は違う");
```

◆ != （不等価演算子） ⋯⋯⋯⋯⋯⋯⋯⋯⋯⋯⋯⋯⋯⋯⋯⋯⋯⋯⋯⋯⋯⋯◆

書式は次の通りです。

```
expr1 != expr2
```

これは式 *expr1* と式 *expr2* の大小関係を判定します。式 *expr1* の値と式 *expr2* の値が等しくないときに true を返します。

例

```
int n;
if (n != 99)
  // nが99でないとき実行するコード
```

◆ << （左シフト演算子） ⋯⋯⋯⋯⋯⋯⋯⋯⋯⋯⋯⋯⋯⋯⋯⋯⋯⋯⋯⋯⋯◆

この演算子は整数型だけに適用され、書式は次の通りです。

```
expr1 << expr2
```

これは式 *expr1* との各ビットを式 *expr2* の値だけ左にシフトします。符号を考慮しない場合、整数のビットを左に 1 だけシフトするごとに値は 2 倍になります。

例

次の例は n1 の値である 8 の各ビットを、2 だけ左にシフトします。結果は 32 になり

ます（int型の定義によって結果が異なることがあります）。

```
int n1 = 8;
std::cout << (n1 << 2) << std::endl;
```

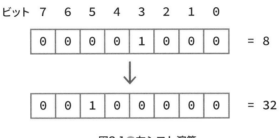

図3.1●左シフト演算

C++では、<< は出力ストリーム演算子としても使われます。

◆ >>（右シフト演算子）

この演算子は整数型だけに適用され、書式は次の通りです。

expr1 >> *expr2*

これは式 *expr1* との各ビットを式 *expr2* の値だけ右にシフトします。符号を考慮しない場合、整数のビットを右に1だけシフトするごとに値は1/2倍になります。

例

次の例は n1 の値である8の各ビットを、2だけ右にシフトします。結果は2になります（int型の定義によって結果が異なることがあります）。

```
int n1 = 8;
std::cout << (n1 >> 2) << std::endl;
```

図3.2●右シフト演算

 C++ では、>> は入力ストリーム演算子としても使われます。

◆ <<= （左シフト代入演算子）

この演算子は整数型だけに適用され、書式は次の通りです。

> *var* <<= *expr2*

これは、変数 *var* の値の各ビットを、式 *expr* の値だけ左にシフトして、結果を変数 *var* に代入します。

例

次の例は最初の値 n1 の各ビットを、第 2 の値 n2 だけ左にシフトします。

```
#include <stdio.h>

void main(int argc, char* argv[])
```

```
{
  int n1, n2;
  scanf("%d %d", &n1, &n2);
  n1 <<= n2;
  printf("n1=%d¥n", n1);

  return 0;
}
```

たとえば、n1 の値が 3、n2 の値が 2 のとき、n1 には 12 が代入されます。

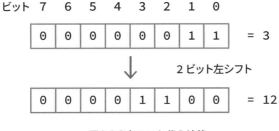

図3.3●左シフト代入演算

◆ >>= （右シフト代入演算子）⋯⋯⋯⋯⋯⋯⋯⋯⋯⋯⋯⋯⋯⋯⋯⋯⋯ ◆

この演算子は整数型だけに適用され、書式は次の通りです。

```
var >>= expr2
```

これは、変数 var の値の各ビットを、式 expr の値だけ右にシフトして、結果を変数 var に代入します。

例

次の例は最初の値 n1 の各ビットを、第 2 の値 n2 だけ右にシフトして、結果を出力します。

```
#include <iostream>

using namespace std;     // std::coutやstd::endlを省略した形にするため

void main(int argc, char* argv[])
{
  int n1, n2;
  cin >> n1 >> n2;
  cout << (n1 >>= n2) << endl;

  return 0;
}
```

たとえば、n1 の値が 8 で、n2 の値が 2 のとき、n1 には 2 が代入されます。

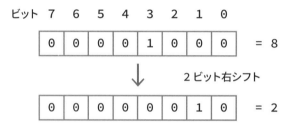

図3.4●右シフト代入演算

◆ & （アドレス演算子）

書式は次の通りです。

> *& expr*

　変数または関数のアドレスを参照します。このときのアドレスは必ずしもメモリ上の
物理的な実アドレスであるとは限りません。この章では、scanf() で値を取得する際に
使いました。

&はビットごとの AND 演算子としても使えます。

◆ 条件演算子

条件演算子は、条件を評価した結果、真の場合と偽の場合に異なる式の値を返します。
書式は次の通りです。

```
expr1 ? expr2 : expr3
```

式 *expr1* の評価結果に従って、式 *expr1* の値が true なら式 *expr2* が評価（実行）され、
false なら式 *expr3* が評価（実行）されます。
expr2 と *expr3* が文であるときは、次の if ～ else 構文と同じです。

```
if (expr1)
  expr2;
else
  expr3;
```

次の例では、nが0か0より大きいときは関数 good() が呼び出されて「*n* は正の値です。」
と表示され、そうでなければ「*n* は負の値です。」と表示されます。

リスト 3.11 ● condition.c

```
/*
 * condition.c
 */
#include <stdio.h>

void good(int n)
{
  printf("%dは正の値です。¥n", n);
```

```
}

int main(int argc, char* argv[])
{
  int n;
  printf("正か負の整数値を入力してください:");
  scanf("%d", &n);
  (n >= 0) ?  good(n) : printf("%dは負の値です。¥n", n);

  return 0;
}
```

◆ 演算子の優先順位

演算子は、評価される順位が決められています。一つの式に複数の演算子が使われている場合、優先順位の高いほうから先に演算が行われます。

次の表に C/C++ のさまざまな演算子を優先順位の高い順に説明します（+ と - のように同じ優先順位であるものもあります）。

一つの演算子が複数の機能を持ち、機能によって優先順位が異なることがあるので注意してください。

表3.8●演算子の優先順位

演算子	機能
::	スコープ解決演算子【C++】
::	グローバルスコープ解決演算子【C++】
[]	配列添字
()	関数呼び出し
()	キャスト
.	メンバー選択演算子
->	メンバー選択演算子
++	後置インクリメント演算子
--	後置デクリメント演算子

演算子	機能
new	オブジェクトの作成【C++】
delete	オブジェクトの解放【C++】
++	前置インクリメント演算子
--	前置デクリメント演算子
*	間接参照演算子
&	アドレス演算子
+	プラス演算子
-	算術否定演算子
!	論理NOT演算子
~	ビットごとの補数演算子
sizeof	サイズ演算子
typeid()	型名演算子【C++】
(type)	型キャスト演算子
const_cast	型キャスト(変換)演算子【C++】
dynamic_cast	型キャスト(変換)演算子【C++】
reinterpret_cast	型キャスト(変換)演算子【C++】
static_cast	型キャスト(変換)演算子【C++】
.*	メンバーへの適用ポインタ(オブジェクト)【C++】
->*	ポインタを介したクラスメンバーへの逆参照ポインタ【C++】
*	乗算演算子
/	除算演算子
%	剰余(モジュロ)演算子
+	加算演算子
-	減算演算子
<<	左シフト演算子
>>	右シフト演算子
<	関係演算子(小なり)
>	関係演算子(大なり)
<=	関係演算子(以下)

演算子	機能
>=	関係演算子（以上）
==	等価演算子
!=	不等価演算子
&	ビットごとのAND演算子
^	ビットごとの排他的OR演算子
|	ビットごとのOR演算子
&&	論理AND演算子
||	論理OR演算子
e1 ? e2 : e3	条件演算子
=	代入演算子
*=	乗算代入演算子
/=	除算代入演算子
%=	剰余代入演算子
+=	加算代入演算子
-=	減算代入演算子
<<=	左シフト代入演算子
>>=	右シフト代入演算子
&=	ビットごとのAND代入演算子
|=	ビットごとのOR代入演算子
^=	ビットごとの排他的OR代入演算子
,	カンマ演算子

※【C++】はC++だけで使うことができる演算子です。C言語では使えません。

3.4 乱数と日付時刻

　ここでは初歩の段階から良く使われることがある乱数と日付時刻の値について説明します。

◆ **乱数** ·· ◆

　プログラミングでは、良く乱数を使います。

　乱数を生成するときには **rand()** を使います。この関数は 0 〜 RAND_MAX の間の整数の疑似乱数を返します。RAND_MAX は整数の乱数の最大値を表す定数で、ヘッダーファイル stdlib.h に定義されています。

```
int rand(void);
```

　生成される範囲を指定したいときには、生成された 0 〜 RAND_MAX の間の数に適切な演算を行って調整します。たとえば 0 以上 100 未満の値を生成したいときには最大値で割った余りを使うようにします。

```
rand() % 100;
```

　また、たとえば 0 以上 1.0 以下の実数値を生成したいときには実数にした最大値で割った数を使うようにします。

```
rand() / (RAND_MAX * 1.0);
```

　この関数を使うときには、最初に **srand()** を呼び出して、**乱数ジェネレーターを初期化**します。rand() と srand() はヘッダーファイル stdlib.h に宣言されています。

```
void srand(unsigned int seed);
```

　srand() の引数に現在の時刻を指定することで、プログラムを起動するごとに異なった系列の乱数を生成することができるようになります。現在の時刻を設定するには、time.h で宣言されている time() を次のように使います。

```
time(NULL);
```

　乱数ジェネレーターを初期化するためのお決まりのパターンとして次の形式が良く使われます。

```
srand((unsigned) time(NULL));
```

　リスト 3.12 は、for 文を使って 0 〜 99 までのランダムな整数を 10 個出力するプログラムの例です。

リスト 3.12 ● randsample.c

```c
/*
 * randsample.c
 */
#include <stdio.h>
#include <stdlib.h>
#include <time.h>

int main(void)
{
  int i;

  srand((unsigned) time(NULL));

  for (i=0; i<10; i++)
    printf("%d¥n", rand() % 100);

  return 0;
}
```

　このプログラムをコンパイルして実行する例を次に示します（実行結果はプログラムを実行するごとに変わります）。

```
C:¥CCpp¥ch03>gcc -o randsample randsample.c

C:¥CCpp¥ch03>randsample
21
36
95
16
23
48
44
44
77
2
```

rand() で生成される乱数は完全な乱数ではなく、疑似乱数ですが、高度な暗号化のような特別な場合を除いてじゅうぶん使うことができます。

◆ 日付時刻

　プログラムの中で日付時刻値を使うことはよくあります。日付時刻値は time_t という構造体に保存することができます（構造体については第 9 章「構造体とクラス」で説明します）。

　現在時刻を取得するには引数を NULL にして **time()** を呼び出し、戻り値を time_t 型の変数に保存します。

```
#include <time.h>

time_t t;
```

```
/* 現在時刻を取得する */
t = time(NULL);
```

時刻の値を**現地時間**に変換するには **localtime()** を使いますが、その前に地域（正確にはロケール）を指定するために setlocale() を呼び出します。

```
struct tm *ptm;

setlocale(LC_ALL, "japanese");  // ロケールを日本にする

/*日付/時刻を構造体に変換する */
ptm = localtime(&t);
```

ptm には現地時間が入った tm 構造体のポインタを保存します（ポインタについては第 8 章「配列とポインタ」を参照してください）。

ローカル時刻に変換した値は、asctime(ptm) で文字列に変換することができます。

```
asctime(ptm);
```

構造体やポインタなどまだ学んでいないことが出てきましたが、この段階では、これら一連のステップを現在時刻を取得するための一つのパターンとして理解しておけばじゅうぶんです。

次の例は、日本における現在の日時を出力する例です。

リスト 3.13 ● now.c

```
/*
 * now.c
 */
#include <stdio.h>
#include <time.h>
#include <locale.h>

int main(void)
```

```
{
  time_t t;
  struct tm *ptm;

  setlocale(LC_ALL, "ja_JP");

  /* 現在時刻を取得する */
  t = time(NULL);

  /* 日付/時刻を構造体に変換する */
  ptm = localtime(&t);

  printf("現在の日時（日本）= %s", asctime(ptm));

  return 0;
}
```

3.5　その他の型

　値がないことを示す型や、複数の要素からなる複合型、処理系やライブラリ独自の型などが使われることがあります。

◆ void

void は主に関数やメソッドなどで、値がないことを示すときに使います。
void 型は一連の空の値を示します。void 型の変数を宣言することはできません。

```
void x;      // これは間違い
```

　void 型は、値を返さない関数を宣言したり、引数のない関数を宣言するときなどに使われます。

　たとえば、次の関数宣言は、関数 func() には引数がなく、返す値もないことを示します。

```
void func(void);
```

　式は、void 型に明示的に変換するか、またはキャストできます。

　void 型の数は作成できませんが、void 型のポインタ（void *）は作成できます。

　void 型のポインタは任意の型のデータを指すことができます。

```
// 任意の型の値のポインタを保存する
void *pv;

// 文字列のポインタを保存する
pv = (void *)(new string(value));
```

◆ 複合型

　C/C++ では、typedef や #define を使って型を宣言することができます。

　複数の値からなる複合型には、複素数型やベクトル、座標の型などさまざまな型があります。これらは通常は構造体またはクラスとして定義します。構造体やクラスについては第 9 章「構造体とクラス」で解説します。

◆ 処理系やライブラリ独自の型

　各処理系やライブラリは、言語仕様には含まれていない、さまざまな型を定義していることがあります。

　型定義は、通常、ヘッダーファイル（.h）の中で行われています。ですから、ライブラリのヘッダーファイルを調べることで、独自に定義されている型を知ることができます。

　たとえば、次のような固有の型が使用可能である場合があります。

表3.9●処理系やライブラリに独自の型の例

型	内容
_int*n*	サイズ付きの整数(*n* = 8、16、32、64など。_int64なら64ビットの整数型)
BOOL	ブール値(true/false)の型
BSTR	32ビットの文字ポインタ
BYTE	8ビットの符号なし整数(unsigned charと同じ)
COLORREF	カラー値として使われる32ビット値(Windows)
DWORD	WORDの2倍のサイズの整数
LONG	通常は32ビットの符号付き整数
LPARAM	パラメーター(引数)として使われるLONG(32ビット)の値(Windows)
LPCSTR	定数文字列のLONG(32ビット)のポインタ(Windows)
LPSTR	文字列のLONG(32ビット)のポインタ(Windows)
LPVOID	型が指定されていないLONG(32ビット)のポインタ(Windows)
LRESULT	関数が返すLONG(32ビット)のポインタ(Windows)
UINT	unsigned int
WORD	16ビットの符号なし整数

※(Windows)はWindowsでよく使われる型を示しています。

■ 練習問題 ■

3.1 整数を一つ入力すると、その値の 2 倍の値を出力する C 言語プログラムを作成してください。

3.2 二つの実数を入力すると、それらの値を乗算して結果を出力する C++ プログラムを作成してください。

3.3 0 〜 1.0 の範囲の乱数を 10 個出力するプログラムを作成してください。

第4章

文字と文字列

英数文字と日本語の文字は異なった扱い方をします。ここでは、日本語の文字を含む文字と文字列について説明します。

4.1　文字

　ここでは最初に 1 バイトの英数文字と英数文字列について説明し、次に日本語の文字と文字列について説明します。

◆ 1 バイトの文字 ···◆

　char は、1 バイト文字の 1 文字分の情報を保存します。1 バイト文字の 1 文字は、C/C++ のソースコードではアポストロフィ（'）で囲みます。

```
c = 'A';
```

　1 文字分の情報は、実際には 0 ～ 255 の整数値です。

　文字と数値は、次の ASCII コード表のように対応しています。表の一番左側の列は、2 桁の 16 進数で最下位の桁（右から 1 桁目）の値、表の最上部の行は 16 進数で右から 2 桁目の値を表しています。

表4.1●ASCIIコード表（7ビット）

	0	1	2	3	4	5	6	7
0	NUL	DLE	SP	0	@	P	`	p
1	SOH	DC1	!	1	A	Q	a	q
2	STX	DC2	"	2	B	R	b	r
3	ETX	DC3	#	3	C	S	c	s
4	EOT	DC4	$	4	D	T	d	t
5	ENQ	NAK	%	5	E	U	e	u
6	ACK	SYN	&	6	F	V	f	v
7	BEL	ETB	'	7	G	W	g	w
8	BS	CAN	(	8	H	X	h	x
9	HT	EM	)	9	I	Y	i	y
A	LF	SUB	*	:	J	Z	j	z

	0	1	2	3	4	5	6	7
B	VT	ESC	+	;	K	[	k	{
C	FF	FS	,	<	L	¥	l	|
D	CR	GS	-	=	M	]	m	}
E	SO	RS	.	>	N	^	n	~
F	SI	US	/	?	O	_	o	DEL

この表の値は 16 進表現なので、表を読むときには値の先頭に 0x を付けます。

たとえば、0x31 は「1」という文字、0x41 は「A」という文字であることを表します。つまり、次の表現は、どちらも変数 c に A という文字が入ります。

```
char c = 'A';

char c = 0x41;
```

なお、表の大文字で 2 文字以上のシンボルのうち SP はスペースを表し、他のシンボルは制御文字としての機能を表しています(制御文字については後の「エスケープシーケンス」でいくつかについて説明しますが、それ以上のことはここでは説明しません)。

◆ Unicode 文字 ────────────────────────────────◆

日本語のような Unicode 文字は、char 型の変数には保存できません。

次のようなコードは、ほとんどのコンパイラでコンパイルできます(警告は報告されるでしょう)が、文字「あ」のコード全体が c に保存されないので間違いです。

```
char c = 'あ';           // 間違い
```

Unicode 文字は、文字列(厳密には char の配列)として保存することができます(文字列については次の 4.2 節「文字列」を参照)。

```
char ch[] = "あ";
```

　Unicode 文字や文字列を保存できる型として、char16_t や char32_t をサポートするコンパイラがあります。

```
char16_t c16 = u'あ';
char16_t s16[] = u"あいうえお";
```

　ただし、本書執筆時点では、ほとんどの場合、「std::cout << c16」のような形で文字を入出力できない（コードの数値が出力される）などの制限があります。

◆ エスケープシーケンス

　通常、文字として出力できない文字や特別な意味を持つ文字をソースコード上で表現するときには、円記号（¥）またはバックスラッシュ（\）として表示される文字と、特定の文字か数字の組み合わせを使います。この文字を連結したもの（シーケンス）を**エスケープシーケンス**といいます。エスケープシーケンスは、ソースコード上では 2 文字ですが、1 文字とみなします。

　次の例は改行コードを変数 lf に保存する例です。

```
char lf = '¥n';
```

 Note　円記号（¥）として表示されるか、バックスラッシュ（\）として表示されるかは環境によって変わります。いずれにしてもこのときの文字コードは 0x5C です。

　文字列リテラルの中でクォーテーションマーク（"）を使いたいときや、文字定数の中でアポストロフィ（'）を使いたいときにもエスケープシーケンスを使います。

```
// ¥nは改行のエスケープシーケンスなので、
// AとBそれぞれのあとで改行される
printf("A¥nB¥n");
```

```
// 文字列の中に"を含める
// ときには\"にする
puts("文字列は\"で囲みます");

putchar('\''); // 'が表示される
```

ANSI エスケープシーケンスを次の表に示します。

表4.2●ANSIエスケープシーケンス

エスケープシーケンス	意味
\a	ビープ音(アラート)
\b	バックスペース
\f	フォームフィード
\n	改行
\r	キャリッジリターン(復帰)
\t	水平タブ
\v	垂直タブ
\'	アポストロフィ
\"	クォーテーションマーク(引用符)
\\	円記号(環境によってはバックスラッシュ\が表示される)
\?	クェスチョンマーク(文字)
\ooo	8進表記のASCII文字
\xhh	16進表記のASCII文字

なお、円記号（\）またはバックスラッシュ（\）は、ソースコードの行を連結する文字としても使われます。

```
char s[] = "長い長い文字列リテラルは\
\記号を使って2行に分けることができます。";
```

◆ 文字の入出力

キーボードからの文字の入力には、関数 **getchar()** と **getc()** を使うことができます。getchar() と getc(stdin) は読み込んだ文字を返します。

```
int getchar();
int getc(FILE *p);
```

実質的に getchar() と getc(stdin) は同じです。

次の例は、getchar() と getc(stdin) とを使ってそれぞれ 1 文字読み込んで、読み込んだ文字とその文字コードを出力するプログラムの例です。

リスト 4.1 ● get_char.c

```c
/*
 * get_char.c
 */
#include <stdio.h>

int main(int argc, char* argv[])
{
  char c = getchar();
  printf("%c=0x%02X", c, c);

  c = getc(stdin);
  printf("%c=0x%02X", c, c);

  return 0;
}
```

次の例はこのプログラムの実行例です。

```
C:¥CCpp¥ch04>get_char
H
H=0x48
=0x0A
```

プログラムを起動して［H］［Enter］と入力すると、最初に文字 H とその文字コード 0x48 が出力され、さらに［Enter］に対応する改行が行われて文字コード 0x0A が出力されます。

キーボードからの文字の入力には scanf() を使うこともできます。

次の例は、文字型（char）の変数 c を宣言して、そこに文字を入力するためのコード例です。

```
char c;
scanf("%c", &c);
```

scanf() の中の「"%c"」は文字を入力するときの書式指定文字列です。&c は c という名前の変数のポインタを表します。この段階では、scanf() を使って変数 c に値を入れたいときには &c の形式にすると理解しておいてください。

複数の数を一度に入力することもできます。次の例は、char の変数 c1 と c2 を宣言して、そこに文字を入力するためのコード例です。

```
char c1, c2;
scanf("%c %c", &c1, &c2);
```

ターミナル（一般的にはウィンドウ）に文字を出力するには、関数 **putchar()** と **putc()** を使うことができます。putchar() と putc() は出力した文字を返し、エラーが発生したときには EOF を返します。

```
int putchar(int c);
int putc(int c, FILE *p);
```

実質的に putchar(c) と putc(c, stdin) は同じです。

次の例は、getchar() と getc(stdin) とを使ってそれぞれ 1 文字読み込んで、読み込んだ文字とその文字コードを出力するプログラムの例です。

リスト 4.2 ● put_char.c

```c
/*
 * put_char.c
 */
#include <stdio.h>

int main(int argc, char* argv[])
{
  char c = getchar();
  putchar(c);

  c = getc(stdin);
  putc(c, stdout);

  return 0;
}
```

　出力するときには、printf() を使って、書式指定を %c にすることで文字を出力することができます。

```c
char c = 'A';
printf("%c\n", c);
```

　あるいは次のようにまとめて出力します。

```c
printf("%c, %c\n", c1, c2);
```

Note　入出力の方法はこの章で説明するほかにもあります。入出力について詳しくは第 7 章「入出力」
で解説します。

次の例はキーボードから文字を二つ入力して、それらの値を出力するプログラムの例です。

リスト 4.3 ● twochar.c

```c
/*
 * twochar.c
 */
#include <stdio.h>

int main(int argc, char* argv[])
{
  int c1, c2;
  printf("文字をふたつ入力してください：");
  scanf("%c %c", &c1, &c2);

  printf("%c, %c¥n", c1, c2);

  return 0;
}
```

実行時の状況は次のようになります。

```
C:¥CCpp¥ch04>twochar
文字をふたつ入力してください：k 8
k, 8
```

Note このプログラムを UTF-8 で作成して、Windows の ANSI（シフト JIS）のコマンドプロンプトでこのプログラムを実行すると文字化けが発生します。その場合は、コマンドプロンプトウィンドウでコマンド「chcp 65001」を実行してコードページを変更してください。

Unicode 文字は、文字列として出力することで Unicode 文字として出力することができます。

```
#include <stdio.h>

int main(void)
{
  char ch[] = "あ";

  printf("%s¥n", ch);

  return 0;
}
```

C++ では << を使ってコンソールに出力することができます。

```
char ch[] = "あ";

std::cout << ch << std::endl;
```

　この場合、ソースコードとコンソールの文字コードが一致していないと文字化けが発生します。

このコードを含むプログラムを UTF-8 で作成して、Windows の ANSI（シフト JIS）のコマンドプロンプトでこのプログラムを実行すると文字化けが発生します。その場合は、コマンドプロンプトウィンドウで「chcp 65001」コマンドを実行してコードページを変更してください。

4.2 文字列

C言語で文字列を保存したいときにはcharの配列を使い、C++で文字列を保存したいときにはたとえばstd::stringを使うことができます。

◆ C言語の文字列

C言語では文字列はcharの配列として扱います。配列について詳しくは第8章「配列とポインタ」で説明するので、ここでは文字列は次のような形式で保存できるということを理解しておいてください。

```
char s[] = "Hello, C";
```

文字列は、C/C++のソースコードではクォーテーションマーク（"）で囲みます。

ここで重要なのは、文字列をcharの配列に保存した場合、文字列の最後に'\0'が自動的に追加されるという点です。コンパイラは以降の処理でこの'\0'で文字列の最後を検出します。

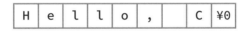

図4.1●charの配列に文字列を保存した状態

空文字列は、""で定義します。

```
char s[] = ""; // sは空文字列
```

この場合、配列変数sの中には'\0'だけが含まれます。

文字列の長さがわかっている場合は、次のようにcharの配列の長さを明示的に指定してもかまいません。

```
char s[9] = "Hello, C";
```

　"Hello, C" は 8 文字ですが、文字列の最後の '\0' を保存する場所が必要なので「char s[9]」にします。
　変数の中の**文字列の長さ**は string.h で宣言されている **strlen()** で調べることができます。
　strlen() の書式は次の通りです。

```
size_t strlen(const char *str);
```

　引数 str に長さを求める文字列のポインタを指定しますが、ここでは長さを求めたい文字列の変数を指定すると考えてかまいません。戻り値は文字列の中の文字数（バイト数）が size_t 型の値として返されますが、size_t 型は整数なので、この段階では int と同じと考えてかまいません。

Note 文字列 str の長さを返す関数ですが、正確には文字列のなかにある NULL（'\0'）までの長さを返します。NULL そのものは計算に含まれません。

　次の例は、文字列の長さを調べて出力するために必要な一連のコードです。

```
#include <string.h>

char s[] = "Hello, C";

printf("%sの長さ=%d\n", s, strlen(s));
```

　文字列を保存している**配列の長さ**は **sizeof()** で調べることができます。

```
char s[] = "Hello, C";

printf("%sの配列の長さ=%d\n", s, (int)sizeof(s));
```

　上の例で、「(int)sizeof(s)」のように int を使っているのは、sizeof() の結果を強制的に int に変換しているためです。このような () を使った強制的な型変換を**キャスト**といいます。
　次の例は、文字列の長さと配列の長さを出力するプログラムの例です。

リスト 4.4 ● strlength.c

```
/*
 * strlength.c
 */
#include <stdio.h>
#include <string.h>

int main(void)
{
  char s[] = "Hello, C";

  printf("%sの長さ=%d\n", s, strlen(s));

  printf("%sの配列の長さ=%d\n", s, (int)sizeof(s));

  return 0;
}
```

　このプログラムの実行状況はたとえば次のようになります。

```
C:\CCpp\ch04>strlength
Hello, Cの長さ=8
Hello, Cの配列の長さ=9
```

　文字列の長さが 8 文字であるので、配列の長さは文字列の最後に追加された '¥0' を含めて 9 になります。

◆ 文字列の入出力

　コンソールからの文字列の入力には gets() を使うことができます。

　文字列を入力するためには、最初に、文字列を保存するためのじゅうぶんな長さの配列変数を宣言します。このようなある程度まとまったデータを保存するための場所をバッファと呼ぶことがあり、変数名として buff や buffer のような名前を使うことがあります。

```
char s[256];          // 256は「じゅうぶんな」長さ。ほかの値にしても良い
```

　この場合、変数 s は入力された文字列を受け取る文字の配列の変数で、「char s[256]」として配列の大きさを 256 にしています。この値は必ずしも 256 である必要はなく、入力される文字列の最大の長さ + 1 より長ければよいのですが、ここではせいぜい 255 文字しか入力されないであろうと想定して 256 にしています。

　実際にキーボードから文字列を読み込むためには、stdio.h で宣言されている関数 scanf() を使うことができます。

```
scanf("%s", buff);
```

　このとき、書式指定文字列は文字列を読み込むために「%s」にします。

また、stdio.h で宣言されている関数 fgets() や gets() を使うこともできます。
この関数の書式は次の通りです。

```
char *fgets(char *s, int size, FILE *stream);

char *gets(char *s);
```

fgets() の書式は少々複雑に見えますが、最初の引数 s は読み込んだ文字列を保存するための文字列バッファのポインタで、これは事前に作成しておいた char の配列の変数名を指定します。

size は読み出す最大の長さですが、これはバッファ s の長さ未満の値を指定します。

stream は読み出すストリームのポインタですが、キーボードからの読み込みの時にはこれは stdin を指定します。

gets(s) と fgets(s, size, stdin) は似ていますが、fgets() は読み込む最大の長さを指定しているのに対して、gets() は読み込む最大の長さを指定しないので、指定した文字配列（この場合は s）の長さより長い文字列を読み込んでしまう危険性があります。そのため、gets() は使わないことを推奨します。

これらの関数は戻り値として読み込みに成功したときは読み込んだ文字列のポインタを返し、エラーが発生するかファイルの終端に達したときは NULL を返しますが、ここで示すような単純なプログラムの場合は無視してもかまいません。

したがって、次のコードでキーボードからの文字列を受け取って変数 s に保存することができます。

```
fgets(s, 256, stdin);
```

読み込んだ文字列には、入力の際に押す［Enter］が改行コードの文字（¥n）として文字列の最後に追加されます。

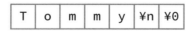

図4.2●charの配列にfgets()で"Tommy"を読み込んだ状態

この改行コードを使わない場合には、次のようにして '¥0' と置き換えます。

```
s[ strlen(s)-1 ] = '¥0';
```

strlen() は文字列の長さを調べる関数で、string.h で宣言されています。

ここまでをまとめると、必要なコードは次のようになります。

```
#include <stdio.h>
#include <string.h>

char s[256];
fgets(s, 256, stdin);
s[ strlen(s)-1 ] = '¥0';
```

次の例は、最初に「Your Name:」と出力し、キーボードから文字列を取得して、その文字列の前に「Hello,」を付けて出力するプログラムの例です。

リスト 4.5 ● fgetstr.c

```
/*
 * fgetstr.c
 */
#include <stdio.h>
#include <string.h>

int main(void)
{
  char s[256];

  printf("Your Name:");
  fgets(s, 256, stdin);
  s[strlen(s) - 1] = '¥0';

  printf("Hello, %s¥n", s);
```

```
    return 0;
}
```

実行時の状況は次のようになります。

```
C:¥CCpp¥ch04>fgetstr
Your Name：Tommy
Hello, Tommy
```

このプログラムで日本語を使うと、環境によっては正常に動作しません。

文字列を出力する関数として stdio.h には、puts() と fputs() も宣言されています。

```
int puts(const char *s);

int fputs(const char *s, FILE *stream);
```

s が文字列であるとすると、puts(s) は文字列をコンソールに出力します。fputs(s, stdout) は puts(s) と同じ機能を持ちます。

次の例は、fgets() を使って文字列を入力し、fputs() を使って文字列を出力するプログラムの例です。

リスト 4.6 ● fputstr.c

```
/*
 * fputstr.c
 */
#include <stdio.h>

int main(void)
{
  char s[256];
```

```
    printf("Your Name:");
    fgets(s, 256, stdin);

    printf("Hello, ");
    fputs(s, stdout);

    return 0;
}
```

この場合は文字列を出力した後で改行したいので、入力文字列の最後の '¥n' をあえて削除する必要はありません。

◆ 文字列の連結 ....◆

整数や実数は、演算子 + で加算することができますが、char の配列に入れた文字列を + で連結することはできません。

文字列を連結するには、二つの文字列を連結する関数 **strcat()** を使います。この関数は、ヘッダーファイル string.h に次の形式で宣言されています。

```
char *strcat(char *dest, const char *src);
```

関数の最初の引数 dest は、連結する先頭の文字列であり、連結した結果を保存することにもなる文字列です。後ろに文字列をつなげたい文字列が含まれている char の配列の変数（正確にはポインタ）をここに指定します。

引数 src には、後ろに連結する文字列（char の配列、ポインタ）を指定します。

この関数は、結果としてできた文字列 dest のポインタを戻り値として返します。

より簡単に言えば、strcat() は、文字列 dest のあとに文字列 src を付け加えます。このとき、dest の最後にある '¥0' 文字は src の最初の文字で上書きされます。

たとえば、次のようにします。

```
char dest[32] = "Good ";
char src[] = "morning!";

strcat(dest, src);
```

destには「Good 」という文字列を保存するために空白と '\0' を含めて長さが6あれば良いように思うかもしれませんが、あとでsrcに入っている文字列「morning!」を連結しても溢れないように、32の長さにしておきます。

次の例は、文字列を連結して出力するプログラムの例です。

リスト4.7 ● catstr.c

```
/*
 * catstr.c
 */
#include <stdio.h>
#include <string.h>

int main(void)
{
  char dest[32] = "Good ";
  char src[] = "morning!";

  strcat(dest, src);

  printf("%s\n", dest);
}
```

 Note

Visual Studioなど Microsoft のコンパイラを使う場合は、「#pragma warning(disable : 4996)」という行を main() の前に入れます（付録C「トラブル対策」参照）。

◆ C++ の文字列

C++ 文字列を扱いたいときにはたとえば **std::string** を使うことができます。

```
std::string s = "Hello, C++";
```

std::string の変数に値を保存するときには、C 言語の char 配列の文字列とは違って、文字列の長さや文字列の最後の '¥0' について心配する必要はありません。

std::string 文字列を使った実行できるプログラムとしては次のようになります。

リスト 4.8 ● hellos.cpp

```cpp
// hellos.cpp
#include <iostream>

int main(int argc, char* argv[])
{
  std::string s = "Hello, C++";

  std::cout << s << std::endl;

  return 0;
}
```

このプログラムはコンソールに「Hello, C++」と出力します。

string の入出力は、C++ の数値の入出力の時と同じように、std::cin と std::cout を使って行うことができます。

```cpp
std::string s;

// 変数sにキーボードから入力する
std::cin >> s;

文字列「Name >」をコンソールに出力（表示）する
std::cout << "Name >";
```

次の例は、std::string の変数 s に名前の文字列を受け取って、「Hello, ○○」（○○は入力した名前）と出力するプログラムです。

リスト 4.9 ● coutin.cpp

```cpp
// coutin.cpp
#include <iostream>

int main(int argc, char* argv[])
{
  std::string s;

  std::cout << "Name >";
  std::cin >> s;

  std::cout << "Hello," << s << std::endl;

  return 0;
}
```

std::string 文字列は演算子 + で連結できるので、「Hello, 」と名前を出力するコード行を次のようにしてもかまいません。

```cpp
std::cout << "Hello," + s << std::endl;
```

C++ の string 文字列の長さは std::string::length() で調べることができます。次の例は文字列の長さを調べて int の変数に保存するためのコードの例です。

```cpp
std::string s = "Hello, C++!";

int len = s.length();
```

4.3 数値と文字列の変換

　C/C++ では、数値と文字列を違う型のものとして扱いますが、数値を文字列に変換したり文字列を数値に変換することができます。

◆ 数値から文字列への変換 ◆

　C 言語の場合、整数を文字列に変換するには関数 **sprintf()** を使うことができます。
　文字列に変換するためには、最初に、変換した文字列を保存するためのじゅうぶんな長さのバッファ（char 型の配列変数）を宣言します。

```
char buff[32];
```

　sprintf() はたとえば次のように使うことができます。

```
sprintf(buff, "%d", n);
```

　これは整数を出力するときの「printf("%d", n);」と似ていますが、関数の最初の引数にバッファを指定するところが printf() とは異なります。
　次の例は、キーボードから入力された整数を文字列にして表示するプログラムの例です。

リスト 4.10 ● i2str.c

```
/*
 * i2str.c
 */
#include <stdio.h>

int main(void)
{
  int n;
```

```
    char buff[32];

    printf("Number=");
    scanf("%d", &n);

    sprintf(buff, "%d", n);

    printf("n=%s¥n", buff);
}
```

このプログラムの実行時の状況は例えば次のようになります。

```
C:¥CCpp¥ch04>i2str
Number=456
n=456
```

C++ の場合、数値型を string 型に変換するのに名前空間 std にあるメソッド to_string() を使うことができます。メソッドは特定のクラスに定義された関数のことです。

```
string s = std::to_string(n);
```

次の例は、キーボードから入力された整数を string 型の文字列にして出力する例です。

リスト 4.11 ● i2str.cpp

```
// i2str.cpp
#include <iostream>
#include <string>

int main(int argc, char* argv[])
{
    int n;
```

```
  std::cout << "Number?";
  std::cin >> n;

  std::string s = std::to_string(n);

  std::cout << s << std::endl;

  return 0;
}
```

◆ 文字列から数値への変換 ·· ◆

　C 言語の場合、char 配列に保存された文字列を整数に変換するには stdlib.h で宣言されている関数 **atoi()** を使うことができます。

　書式は次の通りです。

```
int atoi(const char *nptr);
```

　引数 nptr は整数に変換する数が含まれる文字列のポインタです。

　この関数は、引数の文字列のはじめの数値部分を int 型の整数に変換します。文字列のはじめの部分に数値の文字がない場合にはこの関数は 0 を返します。また、整数に変換できない場合も 0 が返されます。

　atoi() はたとえば、次のように使います。

```
char buff[] ="456";
int n;

n = atoi(buff);
```

　値が大きすぎて int の範囲に入らない場合は **atol()** を使います。

　次の例は、入力された文字列を整数に変換するプログラムの例です。

リスト 4.12 ● ascii2i.c

```c
/*
 * ascii2i.c
 */
#include <stdio.h>
#include <stdlib.h>

int main(int argc, char* argv[])
{
  char buff[256];
  int n;

  printf("Number(String)>");
  scanf("%s", buff);

  n = atoi(buff);
  printf("Value=%d¥n", n);

  return 0;
}
```

　実数値の文字列を double 型の数値に変換するときには、stdlib.h に定義されている
atof() を使います。

　書式は次の通りです。

```
double atof(const char *nptr);
```

　引数 nptr は実数に変換する実数が含まれる文字列のポインタです。

　この関数は引数の文字列のはじめの数値部分を double 型の実数に変換して返します。
変換できない場合は 0.0 を返します。

　文字列のはじめの数値部分とは、文字列の中の数値か小数点として解釈できない空白
以外の文字の直前までです。文字列のはじめの部分に数値の文字がない場合には、この
関数は 0.0 を返します。

次の例は、文字列を実数値に変換するプログラムの例です。

リスト 4.13 ● ascii2dbl.c

```
/*
 * ascii2dbl.c
 */
#include <stdio.h>
#include <stdlib.h>

int main(int argc, char* argv[])
{
  char buff[256];
  double v;

  printf("Number(String)>");
  scanf("%s", buff);

  v = atof(buff);
  printf("Value=%f¥n", v);

  return 0;
}
```

◆ 数値から文字列への変換【C++】

C++ で整数や実数を文字列に変換するには、**std::to_string()** を使います。

```
int n = 123;
std::string s = std::to_string(n);

double v = 123.45;
std::string sv = std::to_string(v);
```

次の例は、整数値と実数値を文字列に変換して、文字列として出力するプログラムの例です。

リスト 4.14 ● tostring.cpp

```cpp
// tostring.cpp
#include <iostream>
#include <string>

int main(int argc, char* argv[])
{
  int n = 123;
  std::string s = std::to_string(n);

  std::cout << "n=" + s << std::endl;

  double v = 123.45;
  std::string sv = std::to_string(v);

  std::cout << "n=" + sv << std::endl;
  return 0;
}
```

このプログラムをコンパイルして実行する例を次に示します。

```
C:¥CCpp¥ch04>g++ -o tostring tostring.cpp

C:¥CCpp¥ch04>tostring
n=123
n=123.450000
```

◆ 文字列から数値への変換【C++】 ─────────────◆

C++ の場合、std::string 型から int 型に変換したい時は **std::stoi()** を使うことができます。std::string 型から double 型に変換したい時は **std::stod()** を使うことができます。

次の例は文字列して入力された数値を、最初に int に変換し、次に double に変換するプログラムの例です。

リスト 4.15 ● str2val.cpp

```cpp
// str2val.cpp
#include <iostream>
#include <string>

int main(int argc, char* argv[])
{
  std::string s;
  std::cout << "Number(String)>";
  std::cin >> s;

  // intに変換する
  int n = std::stoi(s);
  std::cout << "Val(int):" << n << std::endl;

  // doubleに変換する
  double v = std::stod(s);
  std::cout << "Val(double):" << v << std::endl;

  return 0;
}
```

このプログラムをコンパイルして実行する例を次に示します。

```
C:¥CCpp¥ch04>g++ -o str2val str2val.cpp

C:¥CCpp¥ch04>str2val
Number(String)>456.78
Val(int):456
Val(double):456.78
```

std::stoi() で整数に変換するときには、先頭から数字以外の文字が現れるまでの数
の文字を変換します。小数点を示すピリオド（.）が含まれる場合はピリオドまでの数の
文字を変換するので、結果として切り捨てになることに注意してください。

C++ の文字列を char の配列に変換するには、**c_str()** を使います。

```
std::string s = "Hello, Dogs!";
s.c_str();
```

次の例は string を char の配列に変換して printf() で出力するプログラムの例です。

リスト 4.16 ● str2char.cpp

```
// str2char.cpp
#include <iostream>
#include <string>

int main(int argc, char* argv[])
{
  std::string s = "Hello, Dogs!";

  // stringをcharの配列として出力する
  printf("%s¥n", s.c_str() );

  return 0;
}
```

■練習問題■

4.1　英単語を入力すると、その単語の文字数を調べて出力する C 言語プログラムを作成してください。

4.2　英単語を入力すると、その単語の文字数を調べて出力する C++ プログラムを作成してください。

4.3　二つの文字列を入力すると、それをつなげて出力するプログラムを作成してください。

第 **5** 章

制御構造

ここでは、プログラムの実行順序を制御する制御文につ
いて説明します。ここで説明する制御構造は、原則とし
て、C 言語と C++ に共通しています。

5.1 条件分岐

条件分岐は、実行時の条件に応じて実行する内容を変えるための制御構造です。

◆ **if 文** ⋯⋯⋯⋯⋯⋯⋯⋯⋯⋯⋯⋯⋯⋯⋯⋯⋯⋯⋯⋯⋯⋯⋯⋯⋯⋯⋯ ◆

if 文は、式を評価して実行する文を決定します。

書式は次の通りです。

```
if (expr)
  stat1
[else
  stat2]
```

expr は条件式です。この式の値が真（true、式の値が 0 以外）のときに *stat1* を実行します。そうでなければ *stat2* を実行します。

たとえば、次のコードは n の値が 8 である（式の値が true）のときに文字列「Good!」を出力します。

```
if (n == 8)
  printf("Good!");
```

実行するコードを、次のように { と } で囲まれた複数の文にすることもできます。

```
if (n == 8) {
  printf("Good!");
  n =* 8;     // たとえば値を2乗する
  printf("値は=%d¥n", n);
}
```

　条件式を評価した結果に応じて、式の結果が真の場合と偽の場合で実行するコードを
変えたいときには、if ～ else を使います。

```
if (i == 8) {
    (iが8であるとき実行する一連のコード)
} else {
    (iが8でないとき実行する一連のコード)
}
```

　次の例は、整数を入力すると、その値が 0 以下のときには「1 以上の値を入力してく
ださい。」と出力し、値が 1 以上の値のときはその値とその値の 2 倍の値を出力します。

リスト 5.1 ● positiv.c

```c
/*
 * positiv.c
 */
#include <stdio.h>

int main(int argc, char* argv[])
{
  int n;

  printf("整数を入力してください>");
  scanf("%d", &n);

  if (n < 1)
    printf("1以上の値を入力してください。¥n");
  else
    printf("%d x 2 = %d¥n", n, n * 2);

  return 0;
}
```

　同じ機能のプログラムを C++ で作成するなら次のようになります。【C++】

リスト 5.2 ● positiv.cpp

```cpp
// positiv.cpp
#include <iostream>

int main(int argc, char* argv[])
{
  int n;

  std::cout << "整数を入力してください>";
  std::cin >> n;

  if (n < 1)
    std::cout << "1以上の値を入力してください。 " << std::endl;
  else
    std::cout << n << " x 2 = " << n * 2 << std::endl;

  return 0;
}
```

else に if を続けてさらに条件によって分岐を行うことができます。

たとえば、次のコードの場合、x がゼロより大きい数であるときに「(x の値) は正の数です。」と出力され、x がゼロより小さい数であるときに「(x の値) は負の数です。」と出力されます。

```cpp
if (x > 0) {
  printf("%dは正の数です。", x);
} else if (x < 0) {
  printf("%dは負の数です。", x);
}
```

else if のあとにさらに続けて else を使うこともできます。

たとえば、次のコードの場合、x がゼロより大きい数であるときに「(x の値) は正の数です。」と出力され、x がゼロより小さい数であるときに「(x の値) は負の数です。」と出力されます。そして、そのいずれでもない場合(つまり x がゼロである場合)には「(x

の値）はゼロです。」と出力されます。

```
if (x > 0) {
  printf("%dは正の数です。", x);
} else if (x < 0) {
  printf("%dは負の数です。", x);
} else {
  printf("%dはゼロです。", x);
}
```

キーボードから入力された整数が、正であるか負であるかゼロであるか調べるプログラムは次のようになります。

リスト 5.3 ● ifelse.c

```
/*
 * ifelse.c
 */
#include <stdio.h>

int main(int argc, char* argv[])
{
  int x;

  printf("整数を入力してください：");
  scanf("%d", &x);

  if (x > 0){
    printf("%dは正の数です。", x);
  } else if (x < 0) {
    printf("%dは負の数です。", x);
  } else {
    printf("%dはゼロです。", x);
  }

  return 0;
}
```

◆ switch 文

switch 文は、条件に応じて実行する文を切り替えます。

switch 文の書式は次の通りです。

```
switch (expr)
{
  case const-expr1 :
    statement1;
    [break;]
  case const-expr2 :
    statement2;
    [break;]
 [default :
    statement-def;]
}
```

expr は定数式で、この値が *const-expr1* である場合には *statement1* を実行し、*const-expr2* である場合には *statement2* を実行します。*expr* がどの *const-expr* とも一致しないときには、*statement-def* がデフォルトとして実行されます。

一致する値がなく default が存在しないときは、switch ブロックの次の文を実行します。

expr は整数値になる式でなければなりません。

const-exprn は整数の定数でなければなりません。このときの定数は、–1、0、1、2 …のような数値でも、'a' や '¥n' のような値、あるいは整数定数でもかまいません。

次の例は、変数 n の値に従って、「Zero」、「One」「Other」のいずれかを出力します。

```
switch (n) {
  case 0:
    printf("Zero¥n");
    break;
  case 1:
    printf("One¥n");
```

```
      break;
    default:
      printf("Other¥n");
      break;
}
```

　ある case と次の case の間に break を入れないと、次の case 文に属する文も実行されてしまいます。たとえば、次の例では、case 0 のときに実行する文ブロックの最後に break がないので、n が 0 のときには「Zero」と「One」が出力されます。

```
switch (n) {
  case 0:
    printf("Zero¥n");
  case 1:
    printf("One¥n");
    break;
}
```

　switch {…} の中の最後の case、または default の文の最後には break; を入れる必要はありません。しかし、あとでプログラムを変更したときなどに起こしやすい単純なミスを防ぐために、switch {…} の最後には必要がなくても break; を入れることを習慣にすると良いでしょう。

　次の例は、入力された値に従って、「Zero」、「One」、「Other」のいずれかを出力します。

リスト 5.4 ● switchc.c

```
/*
 * switchc.c
 */
#include <stdio.h>

int main(int argc, char* argv[])
{
  int n;
```

```
    printf("整数を入力してください>");
    scanf("%d", &n);

    switch (n) {
      case 0:
        printf("Zero¥n");
        break;
      case 1:
        printf("One¥n");
        break;
      default:
        printf("Other¥n");
        break;
    }

    printf("switch...case...done¥n");
    return 0;
}
```

5.2　繰り返し

繰り返しは、同じコードを繰り返して実行するための制御構造です。

◆ for 文

for 文は、ループ式を更新しながら、条件が真である限り、プログラムコードを繰り返すときに使います。

書式は次の通りです。

```
for ( [init-expr]; [cond-expr]; [loop-expr] )
  statement
```

init-expr は**初期化式**で、ループを開始する前に実行したい式を記述します。

cond-expr はループを継続する**条件式**です。この値が真である限り、ループを継続します。

loop-expr は**ループ式**で、繰り返しごとに評価する式です。

statement は繰り返して実行する文です。複数の文を { と } で囲んだブロックでもかまいません。

for は、通常、繰り返しの回数があらかじめ分かっているか、繰り返す文の中でカウンタ変数が必要であるときに使います。たとえば、n 回繰り返すときには、次のようなコードを実行します。

```
for (i = 0; i < n; i++)
{
    (繰り返すコード)
}
```

上のコードで、i = 0 が初期化式、i < n が条件式、i++ が増分の式です。繰り返すコードが一つの式である場合は { と } を省略できますが、わかりやすいソースコードを書きたいときや単純なミスを防ぐためには、なるべく省略しない方が良いでしょう。

初期化式やループ式は、カンマで区切って複数の式を記述できます。

```
for (i=0, j=0; i<n; i++, j++)
```

C++ の場合は、初期化式で変数を宣言することもできます。【C++】

```
for (int i=0; i<n; i++)
```

次の例は、0 から 10 までの数を加算して出力するプログラムの例です。

リスト 5.5 ● forsmpl.c

```
/*
 * forsmpl.c
 */
```

```
#include <stdio.h>

int main(int argc, char* argv[])
{
  int i, x;

  for (i=0, x=0; i<=10; i++)
  {
    x += i;
  }

  printf("%d\n", x);

  return 0;
}
```

◆ while 文

while 文は条件が真である限りプログラムコードを繰り返します。

書式は次の通りです。

```
while (expr)
  statement;
```

expr は**条件式**で、この式の値が真である間（0になるまで）繰り返し実行します。

statement は繰り返して実行する文です。{ と } で囲んだコードブロックでもかまいません。

次の例は、キーボードから1バイトずつ読み取って出力することを［Enter］が押されるまで繰り返すプログラムの例です。

リスト 5.6 ● readline.c

```
/*
 * readline.c
```

```
 */
#include <stdio.h>

int main(int argc, char *argv[])
{
  int c;
  while ((c = getc(stdin)) != '¥n')
    putc(c, stderr);

  return 0;
}
```

while の条件式に 1（または true）のような値を指定することで、条件が常に真になるようにすることがあります。ただし、このテクニックを使うときには、ループから確実に抜け出せるように注意を払う必要があります。

次の例も、キーボードから 1 バイトずつ読み取ることを［Enter］が押されるまで繰り返すプログラムの例ですが、条件式を 1 にしているので最後に読み取った改行も出力されます。

リスト 5.7 ● readline1.c

```
/*
 * readline1.c
 */
#include <stdio.h>

int main(int argc, char *argv[])
{
  int c, n;
  n = 0;
  // ［Enter］が入力されるまで繰り返す
  while (1) {
    c = fgetc(stdin);
    if (c == '¥n')
      break;
    n++;
  }
```

```
    return n;
}
```

◆ do 文 ◆

do ～ while 文は、文を実行してから条件式を判断して、式が真であれば文を繰り返して実行します。

この制御構造は、通常、繰り返しのコードを少なくとも 1 回は実行したあとで条件式を評価したいときに使います。

書式は次の通りです。

```
do
  statement;
while (expr);
```

statement は繰り返して実行する文です。while の後の式を入れる () のあとにセミコロン（;）が必要である点に注意してください。

expr は繰り返しを継続する**条件式**で、この式の値が真である限り、文を繰り返し実行します。

x に 10 以上の整数が入力されるまで一連のプログラムコードを繰り返すときには、次のようにします。

```
int x;
do {
  (繰り返すコード)
  scanf("%c", &x);
} while (x < 11);
```

do ループは、繰り返すコードを必ず 1 回は実行します。それに対して、for や while は、ループの中のコードをたとえ 1 回も実行しなくても、繰り返しの条件を満足しなければループを終了して、ループの次のコードを実行します。

　次の例は、do 〜 while ループを使って文字を 1 文字ずつ読み込み、［Enter］が入力されたら終了するプログラムの例です。この例のように、いつループが終了する条件が発生するかわからないようなときには do 〜 while ループを使うのが適切です。

リスト 5.8 ● dowhile.c

```c
/*
 * dowhile.c
 */
#include <stdio.h>

int main(int argc, char* argv[])
{
  char c;
  do
  {
    c = getchar();
    printf("%c", c);
  } while (c != '¥n');

  return 0;
}
```

　一連のプログラムコードを n 回繰り返すときには、次のようにします。

```c
int i = 0;
do {
    (繰り返すコード)
    i++;
} while (i < n);
```

　次の例は、0 から 10 までの数を加算して出力するプログラムの例です。

リスト 5.9 ● dosmpl.c

```c
/*
 * dosmpl.c
```

```
 */
#include <stdio.h>

int main(int argc, char* argv[])
{
  int x = 0;
  int i = 0;
  do {
    x += i;
    i++;
  } while (i < 11);

  printf("%d¥n", x);

  return 0;
}
```

　一般的には、このプログラムのように繰り返す回数が決まっている場合は for 文を使うほうが適切です。

◆ continue 文 ◆

　continue 文は、do 文、for 文、while 文のループの中で使って、以降のコードを実行しないで、繰り返しの開始位置に制御を移します。

　たとえば、キーボードから受け取った文字がスペースであるときに *statement* を実行しないで繰り返す場合は次のようにします。

```
do
{
  c = getchar();
  if (c == ' ')
    continue;
  statement;
} while (c != '¥n');
```

　次の例では、キーボードから文字を 1 文字ずつ読み込み、読み込んだ文字が空白文字であるときには、以降のコードを飛ばして、ループの先頭に戻り、次の文字を読み込みます。

リスト 5.10 ● ignoresp.c

```
/*
 * ignoresp.c
 */
#include <stdio.h>

int main(int argc, char* argv[])
{
  char c;
  do
  {
    c = getchar();
    if (c == ' ')
      continue;
    printf("%c", c);
  } while (c != '\n');

  return 0;
}
```

5.3　その他の文

　ここでは、これまでに取り上げなかった実行の制御に使われる文について説明します。

◆ break 文

　break 文は繰り返しや制御の流れを中断します。

　break はループの中で使って、一番内側の do、for、while 文のいずれかを終了させます。また、switch ブロックで特定の case を終了するときにも使います。

　次の例は n が −1 になったときに do ループを抜け出ます。

```
int n = 10;

do {
  if (n == -1)
    break; // nが-1になったらループを抜け出る
  n -= 1;
} while (i < n);
```

◆ goto 文

　goto 文は指定したところにジャンプします。

　書式は次の通りです。

```
goto name;
```

　name はジャンプ先の**ラベル**で、goto はジャンプ先 *name* に無条件にジャンプします。ジャンプ先のラベルはコロン（:）を使って定義します。

　goto をむやみに使うとプログラムの流れを追跡しにくくなる可能性があります。ほかに方法がない場合や特別な理由がない限り、goto は使わないでください。

　次の例は、0 〜 9 の範囲の偶数を出力するプログラムの例です。

リスト 5.11 ● even.c

```
/*
 * even.c
 */
#include <stdio.h>

int main(int argc, char* argv[])
```

```
{
  int i;

  for (i = 0; i < 10; i++)
  {
    if (i % 2)
      goto newline;
    printf("%d¥n", i);
  newline:
    ;
  }

  return 0;
}
```

goto を使うよりも、goto を使ないほうが簡潔に記述できることがよくあります。
たとえば、上の even.c は次のように書き換えるべきです。

リスト 5.12 ● goodeven.c

```
/*
 * goodeven.c
 */
#include <stdio.h>

int main(int argc, char* argv[])
{
  int i;

  for (i = 0; i < 10; i++)
  {
    if (i % 2 == 0)
      printf("%d¥n", i);
  }

  return 0;
}
```

　一見、goto を使わなければ記述できそうにないコードでも、goto を使わずに簡潔に記述できることがよくあります。goto を使わないで記述するときには、次のようなテクニックを使います。

- 複数の文を { と } の中に記述する。
- 一部のコードを別の関数にして、その関数を呼び出す。
- return を使って関数の途中からリターンする。
- continue を使ってループの残りの部分をスキップする。
- switch 文を活用する。

◆ return 文

　return 文は、関数の実行を終了して、呼び出し側の関数に制御を戻します。式 *expr*（値を含む）を指定したときには、呼び出し側の関数に値（戻り値）を返します。
　書式は次の通りです。

```
return [expr] ;
```

　expr は関数が返す値として評価される式で、関数の型が void の場合は指定しません。
　関数が返す値は、関数の型と同じ型でなければなりません。たとえば、関数を int func() のように宣言したときには、返す値は int でなければなりません。関数を double func() のように宣言したときには、返す値は double でなければなりません。float func() のように宣言したときには、返す値は float 型の実数値でなければならず、倍精度で計算した値を返すときには (float) でキャストする必要があります。

```
float func(...)
{
  double t = 1.23;
  v = t * ...

  return (float) v;
}
```

　値を返す必要がない関数であっても、関数が正常終了した（成功）か、何らかのエラーが発生した（失敗）かということだけを示すために、int かブール値を返すようにすることがあります。そのようなときには、一般に次のような方法を使います。

- 関数を int 型で宣言して 0（成功）または −1（失敗）を返す。
- BOOL 型（と必要に応じて TRUE と FALSE）を定義しておき、関数を BOOL 型で宣言し、TRUE または true（成功）か FALSE または false（成功）を返す（BOOL や TRUE と FALSE は使用するライブラリのヘッダーで定義されていることがあります）。

　このようにして関数を実行した結果として成功か失敗かを示す値を返すようにすると、呼び出し側では戻り値をチェックすることでエラーの有無を確認できます。

Note　関数については第 6 章「関数とマクロ」で詳しく説明します。

■ 練習問題 ■

5.1　キーボードから入力された整数が、奇数であるか偶数であるか調べるプログラム
を作成してください。

5.2　入力された整数が、ゼロか、負の数か、10 未満の正の数か、10 以上の正の数か
を調べて結果を表示するプログラムを作ってください。

5.3　入力された整数の階乗を計算するプログラムを作ってください。

第 **6** 章

関数とマクロ

この章では、C/C++ の関数とマクロについて説明します。

6.1　関数

　ここでは、基本的な関数の使い方といくつかの関数の例を示します。最初に C 言語にあらかじめ用意されているいくつかの関数の使い方を学んだあとで、6.2 節「関数の定義」に進んで関数の作り方を学びます。

◆ 関数 ‥‥‥‥‥‥‥‥‥‥‥‥‥‥‥‥‥‥‥‥‥‥‥‥‥‥‥‥‥‥‥‥‥‥‥ ◆

　関数は、何らかの処理を行って必要に応じて結果を返す、名前が付けられた呼び出し可能な一連のプログラムコードです。

　C/C++ のコンパイラに付属しているライブラリには、あらかじめ定義されていてプログラマーが利用できる関数が多数含まれています。

　たとえば、あらかじめ定義されていて C/C++ に含まれる次の関数 fabs() は、引数の絶対値を返します。

```
double x, y;

y = fabs(x);
```

　このとき注意する必要があるのは、関数 fabs() の宣言はヘッダーファイル math.h に含まれているので、このファイルを「#include <math.h>」でインクルードする必要があるという点です。

　実行できるプログラムとしては次のようになります。

リスト 6.1 ● getabs.c

```
/*
 * getabs.c
 */
#include <stdio.h>
#include <math.h>
```

```
int main(int argc, char* argv[])
{
  double x;

  printf("数を入力してください：");
  scanf("%lf", &x);

  printf("%lfの絶対値は%lf¥n", x, fabs(x));

  return 0;
}
```

Note　実は C/C++ プログラムのエントリーポイントである main() も一つの関数です。

◆ **数学関数** ··· ◆

　math.h にはほかにもたくさんの数学関数が宣言されています。次の表に math.h に含まれる関数のうち主な関数を示します（すべての関数については C/C++ のドキュメントを参照してください）。() の中の型は引数の型を示し、関数名の前の型は関数から返される値の型を示します。

表6.1●math.hの主な関数

関数	機能
double acos(double x)	アークコサインを返す。
double asin(double x)	アークサインを返す。
double atan(double x)	アークタンジェントを返す。
double atan2(double y, double x)	アークタンジェントを返す。
double ceil(double x)	引数の値を繰り上げた数を返す。
double cbrt(double x)	引数値の立方根(3乗根)を求める。
double cos(double x)	コサインを返す。
double cosh(double x)	ハイパーボリックコサインを返す。

関数	機能
double exp(double x)	自然対数eを引数の値乗した値を返す。
double fabs(double x)	浮動小数点実数の絶対値を返す。
double floor(double x)	引数の値を越えない最大の整数値を返す。
double fmod(double x, double y)	浮動小数点数の余りを返す。
double frexp(double x, int *exp)	浮動小数点実数を仮数と指数に分ける。
double log(double x)	自然対数を返す。
double log10(double x)	常用対数を返す。
double modf(double x, double *iptr)	浮動小数点実数を整数と小数部分に分ける。
double pow(double x, double y)	ベキ乗を返す。
double round(double x)	浮動小数点数を小数点以下で四捨五入する。
double sin(double x)	サインを返す。
double sinh(double x)	ハイパーボリックサインを返す。
double sqrt(double x)	平方根を返す。
double tan(double x)	タンジェントを返す。
double tanh(double x)	ハイパーボリックタンジェントを返す。

※この表で、三角関数に関する値の単位はラジアンです。

Note　math.h のほかにも数値に関する関数が宣言されています。たとえば、fabs() に似たような関数で整数の絶対値を計算する「int abs(int j)」がありますが、これは stdlib.h で宣言されています。このようになった原因は、もともとの C 言語コンパイラでは実数演算のライブラリが分けられていたためです。

たとえば、次のように使います。

```
// 切り上げた結果を求める
y = ceil(x);

// 切り捨てた結果を求める
y = floor(x);
```

```
// 四捨五入した結果を求める
y = round(x);
```

以下に math.h の関数のうちいくつかの関数の使用例を含むプログラムを示します。

リスト 6.2 ● mathlib.c

```
/*
 * mathlib.c
 */
#include <stdio.h>
#include <math.h>
#ifdef _MSC_VER
#define scanf scanf_s
#endif

int main(int argc, char* argv[])
{
  double x;

  printf("実数を入力してください>");
  scanf("%lf", &x);

  // 切り上げた結果を返す。
  printf("%.2fを切り上げた値は%lf¥n", x, ceil(x));

  // 切り捨てた結果を返す。
  printf("%lfを切り捨てた値は%lf¥n", x, floor(x));

  // 四捨五入した結果を返す。
  printf("%lfを四捨五入した値は%lf¥n", x, round(x));

  // e(2.71828182845904)を底とするべき乗を返す。
  printf("自然対数eの%lf乗の値を返す%lf¥n", x, exp(x));

  // 平方根を返す。
  printf("%lfの平方根は%lf¥n", x, sqrt(x));

  // 立方根を求める。
```

```
    printf("%lfの立方根は%lf¥n", x, cbrt(x));

    return 0;
}
```

　このプログラムの実行例を次に示します。

```
C:¥golang¥ch05¥mathpkg>mathpkg
実数を入力してください>3.456
3.46を切り上げた値は4.000000
3.456000を切り捨てた値は3.000000
3.456000を四捨五入した値は3.000000
自然対数eの3.456000乗の値を返す31.689963
3.456000の平方根は1.859032
3.456000の立方根は1.511905
```

◆ 文字列処理関数

　ここでは、関数の使い方に慣れることを目的として、文字列を処理するための関数について説明します。

　C 言語は char の配列の文字列を処理するためのさまざまな関数をサポートしています。文字列を処理するための基本的な関数はヘッダーファイル string.h で宣言されています。

　次の表に string.h に含まれる関数のうち主な関数を示します（すべての関数については C 言語のドキュメントを参照してください）。() の中の型は引数の型を示し、関数名の前の型は関数から返される値の型を示します。

表6.2●string.hの主な関数

名前	機能
char *strcat(char *dest, const char *src)	文字列を連結して返す。
int strcmp(const char *s1, const char *s2)	二つの文字列を比較した結果を返す。
char *strcpy(char *dest, const char *src)	src文字列をdestにコピーする。
size_t strlen(const char *s)	文字列の長さを返す。

注意しなければならないのは、これらの関数は必ずしも日本語に対応していないという点です。その理由は、日本語の場合、さまざまな文字コード（エンコーディング）が使われているからです。1 バイトの英数文字を使う限り、通常は文字コードのことは考慮しなくてかまいません。

以下にこの表の中のいくつかの関数の使用例を含むプログラムを示します。

リスト 6.3 ● charfunc.c

```c
/*
 * charfunc.c
 */
#include <stdio.h>
#include <stdlib.h>
#include <string.h>

int main(int argc, char* argv[])
{
  char s1[512], s2[512];

  printf("Name >");
  scanf("%s", s1);

  // 文字数をカウントする
  printf("length of %s=%d\n", s1, (int)strlen(s1));

  // 文字列をつなげる
  strcat(s1, " is a boy.");
  printf("s1=%s\n", s1);

  // 文字列をコピーする
  strcpy(s2, s1);
  printf("s2=%s\n", s2);

  // 文字列比較する
  if (strcmp(s2, s1) == 0)
```

```
    printf("%s = %s¥n", s1, s2);
  else
    printf("%s != %s¥n", s1, s2);

  return 0;
}
```

このプログラムの実行例を次に示します。

```
C:¥CCpp¥ch06>charfunc
Name >Tommy
length of Tommy=5
s1=Tommy is a boy.
s2=Tommy is a boy.
Tommy is a boy. = Tommy is a boy.
```

6.2　関数の定義

ここまではあらかじめ用意されている関数を使うことに焦点を当てました。ここでは独自の関数を定義する方法を説明します。

◆ 関数の定義 ·· ◆

関数を定義するときの書式は次の通りです。

```
type name([args]) {
  statement;
  [return expr;]
}
```

　type は関数が返す値の型、*name* は関数の名前、*args* は関数の引数、*expr* は関数の戻り値、*statement* はその関数で実行する文です。引数は省略することができます。また、引数は,（カンマ）で区切って複数記述することができます。

　関数の戻り値 *expr* は return 文の後に記述します。戻り値のない関数（void 型の関数）の場合は、return 文のあとに値を指定しません（return 文は省略可能です）。

Note　他のプログラミング言語とは違い、C/C++ では関数を定義するために、function とか func というようなキーワードは付けません。

　次の例は、整数の引数の値を 2 倍にして返す関数 twice() を定義する例です。

```
int twice(int n) {
  int x;
  x = 2 * n;
  return x;
}
```

　twice のあとの () で囲まれた n の直前の int はこの関数の引数で、関数名の前の int はこの関数の戻り値の型です。

　この関数は n の値を 2 倍した結果（2 * n）を計算して返します。関数の戻り値は return 文の後に記述します。

　この関数は冗長なので、普通は次のように省略します。

```
int twice(int n) {
  return 2 * n;
}
```

　次の例は、入力された整数を 2 倍にして、その結果を入力された値とともに出力するプログラムの例です。

リスト 6.4 ● inttwicw.c

```c
/*
 * inttwicw.c
 */
#include <stdio.h>
#include <stdlib.h>
#include <string.h>

int twice(int n) {
  return 2 * n;
}

int main(int argc, char* argv[])
{
  int n;

  printf("整数を入力してください >");
  scanf("%d", &n);

  // 入力された値と2倍の値を出力する
  printf("%dの2倍=%d¥n", n, twice(n));

  return 0;
}
```

　関数 main() の前に関数 twice() を記述したのは、C/C++ 言語では「シンボルは使う前に宣言しなければならない」という規則があるためです。この場合、main() の中でtwice() を呼び出しているので、それより前にコンパイラが twice がどういうものであるか（名前と引数、戻り値の型が）わかるようにしなければなりません。そこで、関数main() の前に twice() を記述してあります。

　次のように関数の宣言だけをあらかじめしておけば、関数 main() の後を twice() を記述してもかまいません。このような関数の宣言を、**プロトタイプ宣言**といいます。

リスト 6.5 ● inttwicw1.c

```
/*
 * inttwicw1.c
 */
#include <stdio.h>
#include <stdlib.h>
#include <string.h>

int twice(int n);   // プロトタイプ宣言

int main(int argc, char* argv[])
{
  int n;

  printf("整数を入力してください >");
  scanf("%d", &n);

  // 入力された値と2倍の値を出力する
  printf("%dの2倍=%d¥n", n, twice(n));

  return 0;
}

int twice(int n) {
  return 2 * n;
}
```

関数が返せる値は一つだけです。複数の値を返したい場合は、たとえば第 9 章「構造体とク
ラス」で説明する構造体やクラスの形で返すか、あるいは、関数の引数をポインタにして後で
説明する参照渡しにします。

◆ 可変長引数 ◆

printf() のように、任意の引数を指定できる関数があります。このような関数の引数を**可変長引数**といいます。

関数を定義するときに、引数のリストの最後に ... を指定すると、関数の引数を可変長引数にすることができます。

次の宣言の例は、最初の引数 count が残りの引数の数を表し、2 番目以降が可変長の値のリストである関数の宣言です。

```
int sum(int count, ...);
```

可変長引数は、呼び出される関数の中では、stdarg.h に宣言されている va_list、va_start、va_arg、va_end を使って扱います。この詳細は今の段階では気にする必要はなく、次のような形式で使うことをパターンとして理解してください。

次に示す例は、引数の最初の値が残りの引数の数で、2 番目以降が加算したい数のリストである関数 sum() の定義です。

```
int sum(int count, ...)
{
  int total = 0;
  va_list ap;
  va_start(ap, count);

  for (int i = 0; i < count; i++) {
    total += va_arg(ap, int);
  }
  va_end(ap);
  return total;
}
```

va_list は引数リストを一時的に保存する変数（ap）の型、va_start はリストの最初の場所の値を変数 ap に保存し、va_arg はリストの中の次の値を取り出し、va_end は ap に関して必要な最後の処理を行います。

実行できるプログラムとして作成したものを次に示します。

リスト 6.6 ● sumfunc.c

```
/*
 * sumfunc.c
 */
#include <stdio.h>
#include <stdarg.h>

int sum(int count, ...);    // プロトタイプ宣言

int main(int argc, char* argv[])
{
  printf("合計は%d¥n", sum(5, 1, 3, 5, 7, 9));

  return 0;
}

// 合計を返す関数
int sum(int count, ...)
{
  int total = 0;
  va_list ap;
  va_start(ap, count);

  for (int i = 0; i < count; i++) {
    total += va_arg(ap, int);
  }
  va_end(ap);
  return total;
}
```

◆ ポインタ

値がある場所を指す値を**ポインタ**といいます。C 言語や C++ などではポインタを直接
操作することができますが、この章では、C/C++ のポインタについては、単にポインタ

には特定の値があるメモリ上の場所を指す値が保存されていると理解するだけでかまいません。

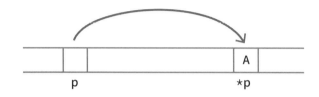

図6.1●ポインタ

ポインタが保存している値を**アドレス**と呼びます（物理的なメモリ上のアドレスとは限りません）。

ポインタ p が指す場所には「A」が保存されているアドレスが入っています（A は一つの例です）。この値はアドレスなので、たとえば 0x452A などの整数です。このとき p が指す場所の値は *p で表すことができます。

一方、「A」は変数 x に保存されているとします。つまり、変数 x のアドレスはこの例の場合は 0x452A で、&x で表すことができます。つまり、「A」のアドレスは p であり、「A」が変数 x に保存されているとしたら p の値は &x です。その変数 x の値「A」は、アドレス p がある場所の値を表す「*」を前に付けて *p です。

- 「A」のアドレスは、p = &x;
- x の値「A」は、*p = x;

ポインタについては第 8 章「配列とポインタ」でもう一度詳しく取り上げます。ここでは、ポインタは値がある場所を指し示している場所であるということを理解しておいてください。

C/C++ では、ポインタは、次に説明する引数の参照渡しで良く使われます。

◆ 値渡しと参照渡し ◆

関数の引数への渡し方には、値そのものを渡す**値渡し**と、値のアドレスを渡す**参照渡し**があります。

値渡しの場合は、関数には値が渡されます。関数に値渡しで渡された値は、関数内に一時的に保存場所が作られて演算などに使われ、関数がリターンするときに破棄されます。そのため、関数内で値が変更されても、呼び出し側には何の影響もありません。

値渡しの関数は、引数を通常の変数として宣言します。

```
int byVal(int a) {
  return a + 1;
}
```

値渡しの関数を呼び出すときには変数や値（式を含む）をそのまま指定します。

```
byRef(n);
```

次の例は値渡しの関数を呼び出すプログラムの例です。

リスト 6.7 ● byVal.c

```
/*
 * byVal.c
 */
#include <stdio.h>
#include <stdarg.h>

// byVal() - 値渡しの関数
int byVal(int a) {
  return a + 1;
}

int main(int argc, char* argv[])
{
  // 値渡しの呼び出し
```

```
  int n = 1;
  printf("n=%d¥n", n); // n=1
  byVal(n);
  printf("n=%d¥n", n); // n=1のまま

  return 0;
}
```

　一方、参照渡しでは、値のアドレスが渡されるので、アドレスの場所の値が変更されると、呼び出し側に戻ったときにはその値が変更されています。

　参照渡しの関数は、引数をポインタとして宣言します。

```
int byRef(int *a) {
  *a += 1;
  return *a;
}
```

　参照渡しの関数を呼び出すときには変数の参照（& を付けたアドレス）を指定します。

```
byRef(&n);
```

　次の例は参照渡しの関数を呼び出すプログラムの例です。

リスト 6.8 ● byRef.c

```
/*
 * byRef.c
 */
#include <stdio.h>
#include <stdarg.h>

// byRef() - 参照渡しの関数
int byRef(int *a) {
  *a += 1;
  return *a;
```

```
}

int main(int argc, char* argv[])
{
  // 参照渡しの呼び出し
  int n = 1;
  printf("n=%d¥n", n); // n=1
  byRef(&n);
  printf("n=%d¥n", n); // n=2になる

  return 0;
}
```

Note C/C++ では、関数の中で変更された値を一つだけ使いたいときには、一般的には、参照渡しにするよりも、変更された値を戻り値として返すようにするほうが良いでしょう。

◆ **再帰関数** ・・◆

C/C++ の関数は、自分自身を呼び出すことができます。このときの書式は次のようになります。

```
type func(args) {
  if (base_case) {
    return rval0;
  }

  func(argsnext); // 自分自身を呼び出す
  return (rval);
}
```

type は関数の型、*args* は関数の引数、*base_case* は最終的にこの関数が最初の呼び出し場所に戻るときの条件、*rval0* は *base_casen* が真であるときに返す値、*argsnext* は自

分自身を呼び出すときの引数、*rval* はこの関数が返す値です。

　ここでは階乗を計算する関数で説明します。n の階乗（n! と表す）は、1 から n までのすべての整数の積で、次のようにして求めます。

```
n! = n × (n − 1) × (n − 2) × … × 2 × 1
```

　次の例は階乗を計算するための再帰関数 factorial() です。

```
int factorial(int n) {
  if (n == 1) {
    return 1;
  }
  else {
    return n * factorial(n - 1);
  }
}
```

　この関数は、n が 1 のときには 1 を返します。n が 2 以上のときには、n の値と (n − 1) を掛けた値を返します。

　具体的な数値で説明すると、この関数は、1! のときには、n が 1 のときには 1 を返して終わります。

　2! のときには、n は 1 ではないので「n * factorial(n - 1)」を計算しようとしますが、n が 2 のときには factorial(n - 1) は factorial(1) なので「n * factorial(n - 1)」はすなわち「2 × 1」なので 2 を返して終わります。

　3! のときにも、n は 1 ではないので「n * factorial(n - 1)」を計算しようとしますが、n が 3 のときには factorial(n - 1) は factorial(2) なので「n * factorial(n - 1)」はすなわち「n * factorial(2)」なのですが、先ほどやったように「factorial(2)」は 2 なのでこれは「3 × 2」になり 6 を返して終わります。

　このように、自分自身の結果を掛け算しながら、else の次の式 factorial(n - 1) が factorial(1) になるまで自分自身を呼び出し続けます。

　次の例は階乗を求めるプログラムを実行できるようにまとめた例です。

```c
/*
 * factorial.c
 */
#include <stdio.h>

int factorial(int n) {
  if (n == 1) {
    return 1;
  }
  else {
    return n * factorial(n - 1);
  }
}

int main() {
  int n;
  for (n = 1; n < 6; ++n) {
    printf("%dの階乗=%d\n", n, factorial(n));
  }
}
```

このプログラムをコンパイルして実行する例を次に示します。

```
C:\CCpp\ch06>gcc -o factorial factorial.c

C:\CCpp\ch06>factorial
1の階乗=1
2の階乗=2
3の階乗=6
4の階乗=24
5の階乗=120
```

◆ 関数のデフォルト引数【C++】 ···································· ◆

　C++ では、関数の引数に**デフォルト値**を設定することができます。引数にデフォルト値を設定すると、その関数を呼び出すときに引数の値がデフォルト値で良い場合は引数を省略できます。

　引数のデフォルト値の書式は単純で、次のように引数名のあとに = と値を記述します。

```
type func(type1 arg1 = val1, type2 arg2 = val2, ...)
{
  // 関数の中身
}
```

　たとえば、w（幅）とh（高さ）の引数から面積を求める次の関数では、w のデフォルト値として 10 を、h のデフォルト値として 8 を指定しています。

```
int getArea(int w = 10, int h = 8)
{
  return w * h;
}
```

　この関数は、次のどの形式でも呼び出すことができます。

```
getArea();      // 引数をすべて省略

getArea(y);      // 最初の引数を省略

getArea(x, y);  // 引数を省略しない
```

　この関数を使うプログラムの例を次に示します。

リスト 6.10 ● defaultargs.cpp

```
// defaultargs.cpp
#include <iostream>
```

```cpp
// デフォルト値を指定した関数
int getArea(int w = 10, int h = 8)
{
  return w * h;
}

int main(int argc, char* argv[])
{
  std::cout << "getArea()=" << getArea() << std::endl;

  std::cout << "getArea(5)=" << getArea(5) << std::endl;

  std::cout << "getArea(12, 8)=" << getArea(12, 8) << std::endl;

  return 0;
}
```

このプログラムをコンパイルして実行する例を次に示します。

```
C:¥CCpp¥ch06>g++ -o defaultargs defaultargs.cpp

C:¥CCpp¥ch06>defaultargs
getArea()=100
getArea(5)=40
getArea(12, 8)=96
```

6.3 マクロ

マクロは、一定の手順をまとめて呼び出せるようにしたものです。

◆ マクロの概要

マクロは、ソースコードの中で、マクロ名に指定したものと一致するものを、マクロの値として定義したものにコンパイル時に置き換える機能です。

たとえば、次のように定義したとします。

```
#define TRUE 1
```

すると、この行より後のソースコードの中のトークン（空白で囲まれた字句）とみなされる TRUE はコンパイル時にすべて 1 に置き換えられます。

また、次のように、PI に 3.1416 を定義すると、ソースコードの中のトークン PI はすべて 3.1416 に置き換えられます。

```
#define PI 3.1416
```

Note　PIQU のような何かがつながった文字列や、文字列リテラルの中の文字列は置き換えられません。

上の例の 1 や 3.1416 の代わりに任意の文字列を記述できるので、コードを置き換えるようにすることもできます。コードを定義したマクロは、#define の直後の文字列を、コンパイル時にその場所をコードに置き換えます（例は後で示します）。

コードを定義したマクロは関数によく似ていますが、実行時に呼び出されるのではなくコンパイル時に展開されるという点で異なります。

　一般的には、関数やメソッドを呼び出すよりもマクロを使うほうが高速であることが期待されますが、状況によってはコードが理解しにくくなり、またエラーの追跡などが関数より複雑になる傾向があるので、注意を払って使うべきです。

◆ マクロの定義 ···◆

マクロを定義するには **#define** を使います。

```
#define CNAME value

#define CNAME (expression)
```

CNAME はマクロの名前、value は置き替える値、expression は置き換える式（マクロの内容）です。

#define で値を定義する例はすでに示しました。

式は、たとえば引数の値を 2 倍するマクロは次のように定義します。

```
#define TWICE(x) ((x) * 2)
```

マクロを使うときには、関数を呼び出すのと同じ形式で使います。

```
TWICE(n);
```

実行できるプログラムの例を次に示します。

リスト 6.11 ● twicemacro.c

```
/*
 * twicemacro.c
 */
#include <stdio.h>
```

```
#define TWICE(x) ((x) * 2)

int main(int argc, char* argv[])
{
  int n = 8;
  printf("%dの2倍は=%d\n", n, TWICE(n));

  return 0;
}
```

これは次のコードをコンパイルするのと同じです。

```
#include <stdio.h>

int main(int argc, char* argv[])
{
  int n = 8;
  printf("%dの2倍は=%d\n", n, (n * 2));
}
```

マクロの引数の名前をマクロの値の定義でも () で囲む必要がある場合があります。仮に、たとえば次のようなマクロを定義したとします。

```
#define TWICE(x) (x * 2)
```

これを次のように使う場合は問題ありません。

```
int n = 3;
printf("%dの2乗は=%d\n", n, TWICE(n));
```

これは次のように展開されます。

```
int n = 3;
printf("%dの2倍は=%d¥n", n, (n * 2));
```

しかし、次のように使う場合を考えてみましょう。

```
int n = 3;
printf("%d-1の2倍は=%d¥n", n, TWICE(n - 1));
```

これは次のように展開されます。

```
printf("%d-1の2倍は=%d¥n", n, (n - 1 * 2));
```

演算子 * の優先順位は演算子 - より高いので、* が優先されて、これは、次のように計算されます。

```
int n = 3;
printf("%d-1の2倍は=%d¥n", n, (3 - (1 * 2)));
```

ここで実行したいのは次のように展開したコードです。

```
int n = 3;
printf("%d-1の2倍は=%d¥n", n, ((n - 1) * 2);
```

このようにするためには、次のように変数を () で囲む必要があります。

```
#define TWICE(x) ((x) * 2)
```

実行できるプログラムとして作ると次のようになります。

リスト 6.12 ● macros.c

```
/*
 * macros.c
 */
#include <stdio.h>
#define TWICE(x) ((x) * 2)
#define NGTWICE(x) (x * 2)

int main(int argc, char* argv[])
{
  int n = 3;

  printf("TWICE(n-1)=%d¥n", TWICE(n-1) );
  printf("NGTWICE(n-1)=%d¥n", NGTWICE(n-1) );

  return 0;
}
```

このプログラムを実行する例を次に示します。

```
C:¥CCpp¥ch06>macros
TWICE(n-1)=4
NGTWICE(n-1)=1
```

Note このような問題をマクロの副作用と呼びます。

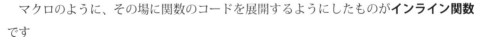

◆ インライン関数【C++】

　マクロのように、その場に関数のコードを展開するようにしたものが**インライン関数**です

　関数をインライン関数にするときには、キーワード **inline** を関数の型の前に付けます。次の例は、面積を計算する関数 getArea() をインライン関数として宣言する例です。

```
inline int getArea(int w, int h)
{
  return w * h;
}
```

次の例はインライン関数を使うプログラムの例です。

リスト 6.13 ● inline.cpp

```cpp
// inline.cpp
#include <iostream>

// インライン関数
inline int getArea(int w, int h)
{
  return w * h;
}

int main(int argc, char* argv[])
{
  std::cout << "getArea(5, 8)=" << getArea(5, 8) << std::endl;

  return 0;
}
```

コンパイラはこのプログラムを次のように展開してコンパイルします。

```cpp
// inline.cpp
#include <iostream>

int main(int argc, char* argv[])
{
  std::cout << "getArea(5, 8)=" << w * h << std::endl;

  return 0;
}
```

関数呼び出しがコードに置き換わるので実行時の速度が速くなります。

プログラム inline.cpp をコンパイルして実行する例を次に示します。

```
C:¥CCpp¥ch06>g++ -o inline inline.cpp

C:¥CCpp¥ch06>inline
getArea(5, 8)=40
```

　インライン関数は、クラスのメンバー変数にアクセスする関数のような頻繁に使われる短い関数に適しています（クラスに関しては第9章「構造体とクラス」で説明します）。

Note　inline を指定すれば必ずインライン展開されるというわけではありません。コードに置き換えるかどうかはコンパイラが決定します。

■ 練習問題 ■

6.1　入力された文字列を3回繰り返した文字列を作って、puts() を使ってその文字列を出力するプログラムを作成してください。

　　　たとえば、「Hello!」と入力したら「Hello! Hello! Hello!」と出力します。

6.2　入力された実数の切り上げた値、切り捨てた結果、四捨五入した結果を表示する C++ プログラムを作成してください。

6.3　2個の実数の和を返す関数と差を返す関数、およびその関数を使うプログラムを作ってください。

第7章

入出力

この章では、キーボードから入力したり画面に表示する方法とファイルへの書き込みと読み出しについて説明します。ファイル入出力の方法は、他のデバイスやネットワークでの通信とも共通する部分があるのでよく理解することが重要です。

7.1 コンソール出力

これまでの章では printf() や puts() などを使って文字列や値を出力していました。ここでは printf() を使った方法についてより詳しく説明します。

◆ 標準入出力

一般的には、これまでキーボードからの入力と説明してきたものは **stdin** と表現されます。これは正確には**標準入力**といいます。

標準入力は、通常はキーボードですが、OS のリダイレクトやパイプと呼ぶ機能を使ってファイルから入力したり、ほかのプログラムの出力を入力することもできます。

出力は、通常はコンソールウィンドウに対して行われ、結果としてそこに文字などが表示されます。このような出力先は **stdout** と表現されます。また、これも正確には**標準出力**といいます。

標準出力は、通常はコンソールウィンドウですが、OS のリダイレクトやパイプと呼ぶ機能を使ってファイルに出力したり、出力をほかのプログラムの入力することもできます。

表7.1●標準入出力

シンボル	名前	具体的な入出力先の例
stdin	標準入力	キーボード、ファイル(リダイレクトやパイプ使用)
stdout	標準出力	ウィンドウ、ファイル(リダイレクトやパイプ使用)
stderr	標準エラー出力	ウィンドウ

stdin と stdout は一般的な入出力に使い、stderr は主にエラー情報を出力するときに使います。

◆ printf()

これまでのプログラムでは、printf() を使いました。printf() は出力する書式を指定して使います。

printf() の基本的な書式は次の通りです。

```
printf(format, v1, v2, v3, ...);
```

format は出力する書式指定文字列です。書式指定の方法についてはあとで説明します。

v1、*v2*、*v3*、……は出力する値です。これらの出力する値は、書式指定文字列の % に続く文字に対応させます。

たとえば、次のprintf("%d %5.2f %c¥n", x, v, c)の場合、変数xの値は%dの部分に、変数 v の値は %5.2f の部分に、変数 c の値は %c の部分にあてはめられて出力され、最後に改行（¥n）します。

図7.1 ●書式文字列と変数

Note %d、%5.2f、%c などの意味についてはこのあとの書式指定文字列で説明します。

format に指定する書式は文字列そのものでもかまいません。また、第 4 章「文字と文字列」で説明したエスケープシーケンスを使うこともできます。たとえば「A　　　BC」と出力して改行したい場合は次のようにします。

```
printf("A¥tBC¥n");
```

printf() では、出力する書式でエスケープシーケンス ¥n を使ってこのように明示的に改行を指定しない限り、出力後の改行は行われません。たとえば、次のようなコードを実行するとします。

```
printf("Name:")
```

すると、「Name:」と出力された後で改行は行われないので、カーソル（入力する場所を示す点滅）は「Name:」の直後にあります。

```
Name:█
```

改行のエスケープシーケンスを含む書式を指定する例を次に示します。

```
int n = 123;

printf("nの値は=%d¥n", n);
```

これを実行すると「n の値は =123」と出力され、出力後に改行されます。

◆ 書式指定文字列

書式指定文字列は、出力や入力などの書式を指定する文字列です。

printf() やあとの章で説明する fprintf()、そして入力に使う scanf() などには、書式指定文字列を使って出力や入力の際の書式（フォーマット）を指定することができます。

すでに説明した「%d」はそこに整数を 10 進数で出力することを意味しますが、たとえば、「%x」を指定するとそこに整数を 16 進数で出力します。また、たとえば、「%8.3f」を指定するとそこに実数を全体で 8 桁で小数点以下 3 桁で出力します。

```
int n = 28;

printf("nの値は=%d¥n", n);      // 出力は「nの値は=28」
printf("nの値は=%x¥n", n) ;     // 出力は「nの値は=1c」

double v = 27.4567;

printf("vの値は=%8.3f¥n", v);   // 出力は「vの値は= 27.457」
```

このような書式指定文字列を一般化すると次のように表現できます。

```
%[flags][width][precision][pre-type]type
```

出力の形式を指定する *type* に指定可能な主な文字を次の表に示します。

表7.2●主な書式指定文字

指定子	解説
%d	10進数で出力する。
%b	2進数で出力する。
%o	8進数で出力する。
%#o	0付き8進数で出力する。
%x	16進数で出力する（a-fは小文字）。
%#x	0x付き16進数で出力する（a-fは小文字）。
%X	16進数で出力する（A-Fは大文字）。
%#X	0x付き16進数で出力する（A-Fは大文字）。
%U	Unicodeコードポイントに対応する文字で出力する。
%f	実数表現で出力する。
%F	実数表現で出力する（%fと同じ）。
%e	仮数と指数表現で出力する（eは小文字）。
%E	仮数と指数表現で出力する（Eは大文字）。
%g	指数部が大きい場合は%e、それ以外は%fで出力する。
%G	指数部が大きい場合は%E、それ以外は%Fで出力する。
%c	文字を出力する。
%s	文字列をそのままの書式で出力する。
%q	Go 構文でエスケープされた文字列リテラルで出力する。
%x	16進数表現で出力する（a-fは小文字）。
%X	16進数表現で出力する（A-Fは大文字）。
%v	型に応じたデフォルトの形式で出力する。
%T	値の型の名前を出力する。

pre-type には、型を補足する次の文字を指定できます。

表7.3●プリタイプの文字

プリタイプ	意味
h	データはshortまたはシングルバイト。
l	データはlongまたは倍精度。
L	データはlongまたは倍精度。

flags には、次のような文字を指定できます。

表7.4●フラグの文字

フラグ	意味	例
+	正の整数でも符号を付ける。	%+d
-	10進数で出力し、右を半角スペースで埋める。	%-8d
0	指定した桁数だけ左を0で埋める。	%08d
空白	指定した桁数だけ空白で埋める。	% 8d

flag は他のオプションと組み合わせることがよくあります。たとえば *flag* と *width* を指定した %0n*d* という書式指定文字列は、整数を 10 進数で出力し、*n* で指定した桁数に足らない分だけ左を 0 で埋めます。

width には、出力する幅を指定します。

precision には、出力する小数点以下の桁数を指定します。この数値を指定する場合は数値の前にピリオド（.）を付ける必要があります。

% そのものを出力したいときには、"%%" にします。

さまざまな出力指定を行って出力する C 言語プログラムの例を次に示します。

リスト 7.1 ● fmtstr.c

```
/*
 * fmtstr.c
 */
#include <stdio.h>
#include <string.h>
```

```
int main(void) {

  int n = 123;
  double x = 34.567;
  char s[] = "Hello";

  // 整数を10進数で出力する。
  printf("10進数で%d\n", n);

  // 整数を16進数で出力する。
  printf("小文字16進数で%x 大文字16進数3桁で%3X\n", n, n);

  // 実数を小数点以下2桁で
  printf("%%8.2lfで%8.2lf %%08.2ldで%08.2lf\n", x, x);

  // 文字列と数値
  printf("%s(%d)\n", s, n);

  return 0;
}
```

出力は次のようになります。

```
10進数で123
小文字16進数で7b 大文字16進数3桁で 7B
%8.2lfで   34.57 %08.2ldで00034.57
Hello(123)
```

7.2 コンソール入力

ここではキーボードから文字列や数値を入力する方法を説明します。

キーボードからの入力をプログラムが受け取る方法は複数あります。ここでは、すでに説明した scanf() を使う方法についてより詳しく説明します。

◆ scanf() ···◆

書式を指定したキーボード（正確には標準入力）からの入力には、**scanf()** を使うことができます。

scanf() の書式は次の通りです。

---

scanf(*format, varlist ...*)

この関数は標準入力から読み込んだテキストをスキャンして、書式文字列 *format* に従って順に引数に保存します。書式文字列は書式が入力に限定されることを除いて printf() と同じです。

varlist は入力された値を保存する変数のポインタのリストです。ポインタなので数値の場合は変数名の前に & を付けてたとえば &n のように記述します。

たとえば、キーボードから入力された整数を変数 n に、実数を v に保存したい場合は次のコードを実行します。

```
int n;
double v;

printf("整数と実数を入力してください：");
scanf("%d %lf", &n, &v);
```

このコードを使った実行できるプログラム全体は次のようになります。

リスト 7.2 ● scanfsmpl.c

```c
/*
 * scanfsmpl.c
 */
#ifdef _MSC_VER
#pragma warning(disable : 4996)
#pragma warning(disable : 6031)
#endif

#include <stdio.h>

int main(int argc, char* argv[])
{
  int n;
  double v;

  printf("整数と実数を入力してください：");

  scanf("%d %lf", &n, &v);

  printf("%dと%lfの合計（整数）は%d¥n", n, v, n + (int)v);
  printf("%dと%lfの合計（実数）は%lf¥n", n, v, n + v);
}
```

このプログラムの実行例を次に示します。

```
C:¥golang¥ch03¥scanf>scanfsmpl
整数と実数を入力してください：12 23.456
12と23.456000の合計（整数）は35
12と23.456000の合計（実数）は35.456000
```

入力する数値の桁数を指定することもできます。

```
scanf("%3d", &n);      // 整数を3桁で入力する

scanf("%8.2lf", &v);   // 実数を小数点以下2桁の8桁で入力する
```

Note　fgets() を使った文字列の読み込みについては 4.2 節「文字列」の「文字列の入出力」で説明しています。

◆ fprintf() と fputs()

7.3 節「ファイル入出力」で使う fprintf() や fputs() も、出力先を stdout にすることで標準出力に出力することができます。

つまり、次の二つのコードの出力は同じ結果になります。

```
fprintf(stdout, "%d %5.2f %c¥n", x, v, c);

printf("%d %5.2f %c¥n", x, v, c);
```

また、次の二つのコードの出力も同じ結果になります。

```
fputs(s, stdout);

puts(s);
```

◆ std::getline()【C++】

C++ では、std::getline() を使ってテキスト行を入力することができます。std::getline() には複数の書式がありますが、改行 '¥n' までを 1 行として std::string の変数 txt にテキスト行を読み込むときには次の書式で使います。

```
std::string txt;

std::getline(std::cin, txt);
```

　次の例は、「quit」が入力されるまでキーボードからテキスト行を入力して表示するプログラムの例です。

リスト 7.3 ● getline.cpp

```cpp
// getline.cpp
#include <iostream>
#include <string>

int main()
{
  std::string txt;

  while (std::getline(std::cin, txt))  // 1行ずつ読み込む
  {
    if (txt == "quit")
      break;
    // コンソールに出力する
    std::cout << "->" << txt << std::endl;
  }

  return 0;
}
```

　このプログラムをコンパイルして実行する例を示します。

```
C:\CCpp\ch07>g++ -o getline getline.cpp

C:\CCpp\ch07>getline
Hello Dogs.
->Hello Dogs.
I love Japan.
->I love Japan.
Happy new doys.
->Happy new doys.
quit
```

getline() の第3の引数に文字を指定すると、その文字までのテキストが読み込まれます。た とえば、「getline(std::cin, txt, ' ')」とするとスペースまでの文字列が読み込まれます。

7.3　ファイル入出力

ファイルへの入出力の方法はいくつかあります。ここでは単にデータをファイルに保存する方法を説明します。

◆ バイトの入出力

ここでは、1バイト（1文字と考えても良い）単位でファイルに書き込む方法と、1バイト単位でファイルからデータを読み込む方法について順に説明します。

ファイルへの出力を行うには、最初に **fopen()** でファイルを開きます。fopen() の書式は次の通りです。

```
FILE *fopen(const char *pathname, const char *mode);
```

pathname には（必要に応じてパスを含む）ファイル名を指定します。*mode* はファイルを開くときのモードで、*mode* には以下の値のいずれかを指定します。

表7.5●modeの値

modeの値	意味
r	ファイルを読み出すために開く。
r+	読み出しと書き込みのために開く。
w	書き込みのためにファイルを開き、既存のファイルであればもとのファイルを長さ0にする。

modeの値	意味
w+	読み出しと書き込みのために開く。
a	書き込みのために開く。
a+	読み出しと書き込みのために開く。

　また、*mode* には b や a を指定することもできます。b を指定した場合は開くファイル
がバイナリファイルであることを意味します。a を指定した場合は開くファイルがテキ
ストファイルであることを示します。ただし、コンパイラによっては ANSI C との互換性
のためだけに指定可能になっていて実際にはなんら影響を与えないことがあります。

Note　プラットフォームや処理系によっては *mode* にさらに c、n、t を指定できる場合があります。

　また、fopen() はファイルのオープンに成功すると、ファイルポインタの値を返すの
で、これを後で使用できるように FILE 型のポインタ変数に保存しておきます。
　たとえば、#define でファイル名を定義しておくとすると、次のようにしてファイル
を開きます。

```
#define FILENAME "sample.dat"

FILE* fp;
fp = fopen(FILENAME, "wb");
```

　コードはこれで間違いないのですが、指定したファイルが存在しないなど実行時にエ
ラーが発生する可能性を考えて、通常はエラーに対処するコードを追加します。
　fopen() はエラーの場合に（または読み込みなどの際にファイルの終端に達すると）
EOF を返すので、たとえば次のような形式でエラーに対処するためのコードを記述し
ます。

```
fp = fopen(FILENAME, "wb");
if (fp == NULL) {
```

```
  // エラー処理
}
```

 ファイルアクセスの際の主なエラーとしては、指定した場所が存在しない、ファイルを作成できない、書き込む空きスペースがないなどがあります。

具体的なコードは、たとえば次のようになります。

```
FILE* fp;

// ファイルを開く
fp = fopen(FILENAME, "wb");
if (fp == NULL) {
  fprintf(stdout, "ファイルを開くことができません.¥n");
  return -1;
}
```

ファイルに 1 バイト書き込むには、**fputc()** を使います。fputc() の書式は次の通りです。

```
int fputc(int c, FILE *stream);
```

c は書き込むバイト値を int 型で指定します。stream には fopen() で取得したファイルポインタを指定します。

```
fputc(c, fp);
```

fputc() もエラーになる可能性があるので、エラーに対処するコードを追加したり、書き込んだバイト数をカウントするコードを追加したりします。次の例は書き込みが成功したらカウンタ変数 count をインクリメントするコードの例です。

```
if (fputc(c, fp) != EOF)
  count++;
```

　1バイトだけでなく、たとえばASCIIコードで0x31 〜 0x7Aまでの文字（バイト）を
書き込むなら、forループで次のようにします。

```
count = 0;
for (c=0x30; c<0x7b; c++)
{
  if (fputc(c, fp) != EOF)
    count++;
}
```

　ファイルへの書き込みが終わったら、fclose() を次の形式で呼び出してファイルを閉
じます。

```
// ファイルを閉じる
fclose(fp);
```

　次の例は、ASCIIコードで0x31 〜 0x7Aまでの文字をバイトデータとして sample.dat
ファイルに1バイトずつ書き込み、最後に書き込んだバイト数を表示するプログラムの
例です。

リスト 7.4 ● putbytes.c

```
/*
 * putbytes.c
 */
#include <stdio.h>

#define FILENAME "sample.dat"

int main(int argc, char* argv[])
{
```

```
  FILE* fp;
  int c, count;

  // ファイルを開く
  fp = fopen(FILENAME, "wb");
  if (fp == NULL) {
    fprintf(stdout, "ファイルを開くことができません.¥n");
    return -1;
  }

  // ASCIIコードで0x31〜0x7Aまでの文字（バイト）を書き込む
  count = 0;
  for (c=0x30; c<0x7b; c++)
  {
    if (fputc(c, fp) != EOF)
      count++;;
  }

  // ファイルを閉じる
  fclose(fp);

  printf("%dバイト書き込みました¥n", count);

  return 0;
}
```

　ファイルからの入力を行う場合も、最初に fopen() でファイルを開きます。

　このときには、*mode* には読み込むことを示す r と、バイト単位のアクセスであること
を示す b を指定します。

　また、fopen() はファイルのオープンに成功すると、ファイルポインタの値を返すの
で、これを後で使用できるように FILE 型のポインタ変数に保存しておきます。

```
FILE* fp;
fp = fopen(FILENAME, "rb");
```

ファイルを開くことに伴うエラー処理もファイルに書き込むときのように追加します。
コードはたとえば次のようになります。

```
FILE* fp;

// ファイルを開く
fp = fopen(FILENAME, "rb");
if (fp == NULL) {
  fprintf(stdout, "ファイルを開くことができません.¥n");
  return -1;
}
```

　ファイルから 1 バイト読み込むには、**fgetc()** を使います。fgetc() の書式は次の通
りです。

```
int fgetc(FILE *stream);
```

　stream には fopen() で取得したファイルポインタを指定します。

```
c = fgetc(fp);
```

　c には読み込んだバイト値が保存されますが、fgetc() の場合もエラーになったりファ
イルの終端に達する可能性があります。そのような場合には EOF が返されます。EOF が
返されなかったら、たとえば putchar() で読み込んだ文字を表示することができます。

```
c = fgetc(fp);
if (c != EOF) {
  putchar(c);
}
```

　1 バイトだけでなく、ファイルの終端である EOF になるまでバイト数をカウントしな

がらバイトを読み込むには、たとえば while ループで次のようにします。

```
count = 0;
while (!feof(fp))
{
  c = fgetc(fp);
  if (c != EOF) {
    putchar(c);
    count++;
  }
}
```

ファイルへの書き込みが終わったら、**fclose()** を次の形式で呼び出してファイルを閉じます。

```
fclose(fp);
```

次の例は、sample.dat ファイルにあるデータを 1 バイトずつ読み込んでそのデータを表示し、最後に読み込んだバイト数を表示するプログラムの例です。

リスト 7.5 ● getbytes.c

```
/*
 * getbytes.c
 */
#include <stdio.h>

#define FILENAME "sample.dat"

int main(int argc, char* argv[])
{
  FILE* fp;
  int c, count;

  // ファイルを開く
  fp = fopen(FILENAME, "rb");
```

```
    if (fp == NULL) {
      fprintf(stdout, "ファイルを開くことができません.\n");
      return -1;
    }

    // ファイルの終端であるEOFになるまでバイトを読み込む
    count = 0;
    while (!feof(fp))
    {
      c = fgetc(fp);
      if (c != EOF) {
        putchar(c);
        count++;
      }
    }

    printf("\n%dバイト読み込みました\n", count);

    // ファイルを閉じる
    fclose(fp);

    return 0;
}
```

実行すると次のように表示されます。

```
C:\CCpp\ch07>getbytes
0123456789:;<=>?@ABCDEFGHIJKLMNOPQRSTUVWXYZ[\]^_`abcdefghijklmnopqrstuvwxyz
75バイト読み込みました
```

◆ 文字列の入出力 ···◆

　ここでは fputs() を使ってテキストをファイルに出力する方法に続けて、fgets() で
テキストファイルを読み込む方法を説明します。

　ファイルにテキスト行を書き込むためには **fputs()** を使うことができます。

fputs() の書式は次の通りです。

```
int fputs(const char *s, FILE *stream);
```

s はファイルに書き込むテキストを指すポインタ、*stream* は次のようにして fopen() を使って開いたファイルのポインタです。書き込みなので *mode* には "w" を含めます。

```
// ファイルを開く
fp = fopen(FILENAME, "w");
```

次の例は、キーボードからテキストを入力して、sample.txt ファイルにそのテキストを保存することを繰り返すプログラムの例です。テキストの入力とファイルへの保存は、ユーザーが［Enter］だけを入力するまで繰り返します。

リスト 7.6 ● puttexts.c

```
/*
 * puttexts.c
 */
#include <stdio.h>
#include <string.h>

#define FILENAME "sample.txt"

int main(int argc, char* argv[])
{
  FILE* fp;
  int count;
  char buffer[256];

  // ファイルを開く
  fp = fopen(FILENAME, "w");
  if (fp == NULL) {
    fprintf(stdout, "ファイルを開くことができません.¥n");
    return -1;
```

```
  }

  // コンソールから文字列を取得してファイルに書き込む
  count = 0;
  while (1)
  {
    if (fgets(buffer, 255, stdin) == NULL) {
      fprintf(stderr, "標準入力でエラーです。");
      break;
    }
    if (strlen(buffer) < 2)   // 読み込んだ文字列が"¥n"だけなら終了
      break;
    fputs(buffer, fp);
    count++;
  }

  // ファイルを閉じる
  fclose(fp);

  printf("%d行のテキストを書き込みました¥n", count);

  return 0;
}
```

ファイルからテキスト行を読み込むためには **fgets()** を使うことができます。
fgets() の書式は次の通りです。

```
char *fgets(char *s, int size, FILE *stream);
```

s は読み込んだテキストを保存する *char* の配列を指すポインタ、*size* は読み込む最大
のサイズで、この値は s の長さより長く指定してはいけません。

```
char buffer[256];

// ファイルを開く
```

```
fp = fopen(FILENAME, "r");

// ファイルのテキスト行を読み込む
fgets(buffer, 255, fp);
```

fgets() の引数 *stream* に指定する fp は読み込むファイルを指すポインタで、次のようなコードで取得します。ファイルを読み込むときには、次のように *mode* に "r" を指定する点に注意してください。

```
// ファイルを開く
fp = fopen(FILENAME, "r");
```

fgets() はファイルの終端に達するかエラーになると NULL を返すので、ファイルの終わりまでテキスト行を繰り返し読み込むときには、次のようにして fgets() が NULL を返すまで読み込みます。

```
// ファイルの終端になるまでテキスト行を読み込む
while (1)
{
  if (fgets(buffer, 255, fp) == NULL)
    break;
}
```

次の例は、sample.txt ファイルにあるテキストデータを 1 行ずつ読み込んでそのデータを表示し、最後に読み込んだ行数を表示するプログラムの例です。

リスト 7.7 ● fgettests.c

```
/*
 * gettexts.c;
 */
#include <stdio.h>

#define FILENAME "sample.txt"
```

```
int main(int argc, char* argv[])
{
  FILE* fp;
  int count;
  char buffer[256];

  // ファイルを開く
  fp = fopen(FILENAME, "r");
  if (fp == NULL) {
    fprintf(stdout, "ファイルを開くことができません.¥n");
    return -1;
  }

  // ファイルの終端になるまでテキスト行を読み込む
  count = 0;
  while (1)
  {
    if (fgets(buffer, 255, fp) == NULL)
      break;
    printf("%s", buffer);
    count++;
  }

  printf("¥n%d行のテキストを読み込みました。¥n", count);

  // ファイルを閉じる
  fclose(fp);

  return 0;
}
```

◆ 書式付きファイル入出力

　ここでは書式付きでファイルに出力する方法に続けて書式付きでファイルからデータを読み込む方法を説明します。

　printf() を使って書式付きでコンソールに出力したのと同じような方法で、関数
fprintf() を使って書式付きでファイルに出力することができます。書式は基本的に 7.1
節「コンソール出力」の「書式指定文字列」で説明したものと同じです。
　まず、fopen() でファイルを開きます。

```
fp = fopen(FILENAME, "w");
```

ファイルに書き込むには **fprintf()** を使います。

```
int fprintf(FILE *stream, const char *format, ...);
```

　たとえば、整数を 5 桁で、そのあとに空白を一つ入れて最大 20 バイトの文字列を出
力するなら次のようにします。

```
fprintf(fp, "%5d %20s", n, buffer)
```

　この関数は書き込んだバイト数を返します。書き込みでエラーが発生した場合は負の
数を返します。
　書き込み終わったらファイルを閉じます。

```
fclose(fp);
```

　次の例は、上で示した書式でデータを保存するプログラムの例です。

リスト 7.8 ● fprintdata.c

```
/*
 * fprintdata.c
 */
#include <stdio.h>
#ifdef _MSC_VER
```

```
#pragma warning(disable : 4996)
#endif

#define FILENAME "formated.data"

int main(int argc, char* argv[])
{
  FILE* fp;
  int i, n, count;
  char buffer[256];

  // ファイルを開く
  fp = fopen(FILENAME, "w");
  if (fp == NULL) {
    fprintf(stdout, "ファイルを開くことができません.\n");
    return -1;
  }

  // ファイルにデータを3件書き込む
  printf("番号と名前を3件入力してください\n");
  count = 0;
  for (i=0; i<3;i++)
  {
    if (scanf("%d %s", &n, buffer) != 2)  // 2項目入力されていないとエラー
      break;
    if (fprintf(fp, "%5d %20s", n, buffer) < 0)
      break;
    count++;
  }

  printf("\n%d件のデータを書き込みました\n", count);

  // ファイルを閉じる
  fclose(fp);

  return 0;
}
```

実行時の状況はたとえば次のようになります。

```
C:¥CCpp¥ch07>fprintdata
番号と名前を3件入力してください
10 Tommy
11 Kelly
12 Kenta
```

Note　データの区切りを空白の代わりに，（カンマ、コンマ）にすれば、CSV（Comma-Separated Values）ファイルとして出力することができます。

コンソールからの書式付きの入力には scanf() を使いましたが、ファイルからの書式付きの入力には fscanf() を使うことができます。

最初に fopen() を使ってファイルを開きます。

```
fp = fopen(FILENAME, "r");
```

そして、**fscanf()** を使ってファイルから読み込みます。書式は次の通りです。

```
int fscanf(FILE *stream, const char *format, ...);
```

読み込むデータの書式は書式指定文字を使って記述します。次の例の書式指定文字列 "%5d %s" は、最初の値が 5 桁の整数（実際には 5 桁未満の数とその前に付けられた空白で合計で 5 桁）で、空白に続けて文字列を読み込むことを意味します。

```
fscanf(fp, "%5d %s", &n, buffer)
```

fscanf() は読み込んだ値の個数を返します。

次のコード例では、意図したとおりに正常に読み込まれたら、読み込まれたデータ数

すなわち fscanf() が返す値は 2 になります。

```
if (fscanf(fp, "%5d %s", &n, buffer) != 2)   // 2項目入力されていないとエラー
  // エラー処理
```

読み込みが終わったらファイルを閉じます。

```
fclose(fp);
```

次の例は、fprintdata.c で書き込んだデータを最後まで読み込んで表示するプログラムの例です。

リスト 7.9 ● fscandata.c

```c
/*
 * fscandata.c
 */
#include <stdio.h>
#ifdef _MSC_VER
#pragma warning(disable : 4996)
#endif

#define FILENAME "formated.data"

int main(int argc, char* argv[])
{
  FILE* fp;
  int n, count;
  char buffer[256];

  // ファイルを開く
  fp = fopen(FILENAME, "r");
  if (fp == NULL) {
    fprintf(stdout, "ファイルを開くことができません.¥n");
    return -1;
  }
```

```
// ファイルのデータを最後まで読み込む
count = 0;
while ( !feof(fp) )  // ファイルの終端まで繰り返す。
{
  if (fscanf(fp, "%5d %s", &n, buffer) != 2)  // 2項目入力されていないとエラー
    break;
  printf("%5d %20s\n", n, buffer);
  count++;
}

printf("\n%d件のデータを読み込みました\n", count);

// ファイルを閉じる
fclose(fp);

return 0;
}
```

◆ C++ のファイル入出力【C++】

ここでは C++ でテキストをファイルに書き込む方法を示し、そのあとでファイルから読み込む方法を示します。

最初にファイルを**出力ストリーム**（データを流すようにして送り出す場）として開きます。

```
#include <fstream>

std::ofstream ofs("./cppsample.data");
```

そして、<< を使ってテキストをファイル（出力ストリーム）に書き込みます。

```
ofs << txt << std::endl;
```

この方法は、std::cout に出力するのと同じです。

最後にファイルを閉じます。

```
ofs.close();
```

次の例は、「quit」が入力されるまでテキスト行をキーボードから受け取って、カレントディレクトリの cppsample.data ファイルに書き込むプログラムの例です。

リスト 7.10 ● writetxt.cpp

```cpp
// writetxt.cpp
#include <iostream>
#include <fstream>
#include <string>

int main()
{
  std::ofstream ofs("./cppsample.data");

  std::string txt;

  while (std::getline(std::cin, txt))  // 1行ずつ読み込む
  {
    if (txt == "quit")
      break;
    // ファイルに書き込む
    ofs << txt << std::endl;
  }

  // ファイルを閉じる
  ofs.close();

  return 0;
}
```

このプログラムをコンパイルして実行する例を示します。

```
C:¥CCpp¥ch07>g++ -o writetxt writetxt.cpp

C:¥CCpp¥ch07>writetxt
Hello dogs!
Good dog.
I love Japan.
quit
```

　ファイルから読み出すためには、最初にファイルを**入力ストリーム**（データを流すように受け取る場）として開きます。

```
#include <fstream>

std::ifstream ifs("./cppsample.data");
```

　そして、**std::getline()** を使ってテキストをファイル（入力ストリーム）から読み出します。

```
std::getline(ifs, txt)
```

　最後にファイルを閉じます。

```
ofs.close();
```

　次の例は、カレントディレクトリの cppsample.data ファイルからファイルの最後までテキストを読み込んでコンソールに出力するプログラムの例です。

リスト 7.11 ● readtxt.cpp

```
// readtxt.cpp
#include <iostream>
#include <fstream>
```

```
#include <string>

int main()
{
  std::ifstream ifs("./cppsample.data");

  std::string txt;

  while (std::getline(ifs, txt))
  {
    // コンソールに出力する
    std::cout << txt << std::endl;
  }

  // ファイルを閉じる
  ifs.close();

  return 0;
}
```

このプログラムをコンパイルして実行する例を示します。

```
C:¥CCpp¥ch07>g++ -o readtxt readtxt.cpp

C:¥CCpp¥ch07>readtxt
Hello dogs!
Good dog.
I love Japan.
```

■ 練習問題 ■

7.1 0から10までの2乗の数を、結果の1桁目が右揃えになるように出力するプログラムを作成してください。

次のような出力になるようにします。

```
 1× 1=  1
 2× 2=  4
 3× 3=  9
 4× 4= 16
 5× 5= 25
 6× 6= 36
 7× 7= 49
 8× 8= 64
 9× 9= 81
10×10=100
```

7.2 任意のテキストファイルの行数をカウントして出力するプログラムを作ってください。

7.3 CSV形式で単語をファイルに出力するプログラムを作成してください。

第8章

配列とポインタ

この章では、配列とポインタについて説明します。

8.1　配列

ここでは、同じ型の複数の要素をまとめて扱うことができる配列について説明します。

◆ 配列とは

配列は、同じ型のデータを複数保存することができるデータ構造です。たとえば、複数の int 型のデータを同じ名前で保存することができます。

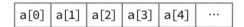

| a[0] | a[1] | a[2] | a[3] | a[4] | ... |

a[0] 〜 a[n] までには同じ型の値が入ります。

図8.1●1次元配列のイメージ

配列は、いったん宣言したら、サイズを変更したり、既存の配列の最後に要素を追加したり、配列の途中に挿入することはできません。

配列の要素の値を変更することは可能なので、たとえば、配列の中の二つの要素の値を入れ替えるような操作は可能です。

◆ 配列の宣言と使用

一次元の配列の場合、配列は次の形式で宣言します（ポインタを使う方法もありますが、8.2 節「ポインタ」で説明します）。

```
type name[size];
```

ここで、name は配列変数の名前、size は配列の要素数、type は配列の要素の型です。たとえば、int 型の要素が 5 個の配列は次のように宣言します。

```
int a[5];
```

宣言しただけでは、各要素の値は不定です（どんな値が入っているかわかりません）。
配列を宣言するのと同時に特定の値で初期化することもできます。

```
int a[5] = {1, 3, 5, 7, 9};
```

宣言時に初期化する場合は、次のようにサイズの指定を省略することができます。

```
int a[] = {1, 3, 5, 7, 9};
```

個々の要素は**インデックス（添え字）**で識別します。たとえば、配列 a の 2 番目の要素は a[1] で表されます（インデックスはゼロから始まります）。

```
n = a[1];     // 2番目の要素を変数nに入れる
```

先ほど定義した配列 a の要素をすべて出力するには、次のようにすることができます。

```
for (i = 0; i < 5; i++)
{
  printf("a[%d]=%d¥n", i, a[i]);
}
```

インデックスは 0 から始まり、$size - 1$ で終わる点に注意してください。
次の例は、要素が 5 個の配列 a を作成してその要素を一つずつ出力する例です。

リスト 8.1 ● intarray.c

```
/*
 * intarray.c
 */
```

```
#include <stdio.h>

int main(int argc, char* argv[])
{
  int i;
  int a[5] = {1, 3, 5, 7, 9};

  for(i=0; i<5;i++)
  {
    printf("a[%d]=%d¥n", i, a[i]);
  }

  return 0;
}
```

実行結果は次のようになります。

```
C:¥CCpp¥ch08>intarray
a[0]=1
a[1]=3
a[2]=5
a[3]=7
a[4]=9
```

第4章「文字と文字列」で文字列は文字の配列であると説明しましたが、文字列の個々の文字も配列の要素として出力することができます。

次の例は、内容が "Hello" となる char の配列 s を作成してその要素を一つずつ出力する例です。

リスト 8.2 ● chararray.c

```
/*
 * chararray.c
 */
#include <stdio.h>
```

```
int main(int argc, char* argv[])
{
  int i;
  char s[] = "Hello";

  for(i=0; i<5;i++)
  {
    printf("a[%d] = %c¥n", i, s[i]);
  }

  return 0;
}
```

実行結果は次のようになります。

```
C:¥CCpp¥ch08>chararray
a[0] = H
a[1] = e
a[2] = l
a[3] = l
a[4] = o
```

C++の場合、<<を使って配列の最初の値やポインタ値を出力することができます。【C++】

```
int a[] = { 1, 3, 5, 7, 9 };

// 最初の要素が出力される
std::cout << *a << std::endl;

// ポインタ値が出力される
std::cout << a << std::endl;
```

Note << をオーバーロードしない限り、要素の値すべてを一度に出力することはできません。
オーバーロードについては 9.4 節の「演算子のオーバーロード」項を参照してください。

配列の要素の値を変更することもできます。次の例は、すでに使っている配列 a の 2 番目の要素と 4 番目の要素の値を変更する例です。

```
a[1] = 0;
a[3] = 0;
```

配列を作って使う例をリスト 8.3 に示します。このプログラムでは、最初に要素の内容が「1,3,5,7,9」の int の配列を作ります。また、"good dog" という文字の配列を作ります。そして int の配列の各要素を出力してからそれらを 2 倍して出力します。また、"good dog" という文字の配列のうち、スペースを除く各文字の値を 16 進数で 0x20 だけ引いてその結果を出力します。

リスト 8.3 ● arraysmpl.c

```c
/*
 * arraysmpl.c
 */
#include <stdio.h>
#include <string.h>

int main(int argc, char* argv[])
{
  int i;
  int a[] = { 1, 3, 5, 7, 9 };
  char s[] = "good dog";

  // 整数配列を出力する
  for(i=0; i<5;i++)
    printf("a[%d]=%d ", i, a[i]);
  printf("¥n");

  // 各要素を2倍する
  for (i = 0; i < 5; i++)
    a[i] *= 2;    // a[i] = a[i] * 2;と同じ

  // 変更後の整数配列を出力する
```

```
  for (i = 0; i < 5; i++)
    printf("a[%d]=%d ", i, a[i]);
  printf("¥n");

  // 文字列を出力する
  printf("%s¥n", s);

  // 各要素に0x20を減算する
  for (i = 0; i < strlen(s); i++)
    if (s[i] != ' ')
      s[i] -= 0x20;

  // 変更後の文字列を出力する
  printf("%s¥n", s);

  return 0;
}
```

このプログラムの実行結果は次のようになります。

```
C:¥CCpp¥ch08>arraysmpl
a[0]=1 a[1]=3 a[2]=5 a[3]=7 a[4]=9
a[0]=2 a[1]=6 a[2]=10 a[3]=14 a[4]=18
good dog
GOOD DOG
```

◆ 多次元の配列

多次元の配列を作って使うこともできます。たとえば、二次元の場合、配列は次の形式で宣言します。

```
type name[size_n][size_m];
```

これで size_n × size_m の大きさの配列ができます。

たとえば、4 × 5 の配列は次のように宣言します。

```
int a[4][5];
```

こうして作成した 2 次元配列のイメージを次の図に示します。

a[0,0]	a[0,1]	a[0,2]	a[0,3]	a[0,4]
a[1,0]	a[1,1]	a[1,2]	a[1,3]	a[1,4]
a[2,0]	a[2,1]	a[2,2]	a[2,3]	a[2,4]
a[3,0]	a[3,1]	a[3,2]	a[3,3]	a[3,4]

図8.2●2次元配列のイメージ

三次元以上の多次元配列も、`type name[n][m][l]...` の形式で宣言して作って使うことができます。

次の例は 9 × 9 の 2 次元配列を宣言する例です。

```
int a[9][9];
```

2 次元配列のすべての要素に値を設定したり、2 次元配列の要素の値を取得するときには、一般的には 2 重ループを使います。

```
for(i = 0; i< 9 ; i++)
  for (j = 0; j < 9; j++)
    a[i][j] = (i + 1) * (j + 1);
```

次の例は 9 × 9 の 2 次元配列を作成して、九九の数を配列に保存したあと、配列の内容を出力するプログラムの例です。

リスト 8.4 ● 99table.c

```c
/*
 * 99table.c
 */
#include <stdio.h>

int main(int argc, char* argv[])
{
  int i, j;
  int a[9][9];

  // 九九の表を作る
  for(i = 0; i< 9 ; i++)
    for (j = 0; j < 9; j++)
      a[i][j] = (i + 1) * (j + 1);

  // 九九の表を出力する
  for (i = 0; i < 9; i++)
  {
    for (j = 0; j < 9; j++)
      printf("%3d", a[i][j]);
    printf("¥n");
  }

  return 0;
}
```

実行結果は次のようになります。

```
C:¥CCpp¥ch08>99table
 1  2  3  4  5  6  7  8  9
 2  4  6  8 10 12 14 16 18
 3  6  9 12 15 18 21 24 27
 4  8 12 16 20 24 28 32 36
 5 10 15 20 25 30 35 40 45
 6 12 18 24 30 36 42 48 54
 7 14 21 28 35 42 49 56 63
```

```
8 16 24 32 40 48 56 64 72
9 18 27 36 45 54 63 72 81
```

　要素数を完全に指定しない場合、2次元の宣言は、8.2節「ポインタ」で説明するポインタを使ってたとえば次のように宣言することもできます。

```
int *a[5];
```

8.2　ポインタ

　ここではポインタについて説明します。

◆ ポインタ

　値がある場所を指す値を**ポインタ**といいます。いいかえると、ポインタには特定の値があるメモリ上の場所を指す値が保存されています。

　ポインタが指している値は、整数や実数である場合もありますが、構造体データや関数のアドレスである場合もあります。一方、ポインタそのものの値は、アドレスなので整数です。

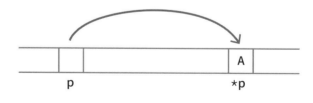

図8.3●ポインタ

> **Note** アドレスというのは、物理的なメモリ上のアドレスとは限りません。特に最近の OS はディスクにスワップしてメモリ容量を物理メモリ量より増やすことが普通に行われているので、ポインタの値が特定の物理的なメモリ上のアドレスであると考えることはできません。しかし、ポインタがメモリ上のアドレスを指すという見方はポインタを理解しやすくするために便利です。

ポインタとアドレスの関係を次のコードで考えてみましょう。

```
char c = 'A';
char *p;

p = &c;    // cのアドレスをpに保存する
```

　上のようなコードがある場合、ポインタ p が指す場所には「A」が保存されているアドレスが入っています。この値はアドレスなので、たとえば 0x61FE17 などの整数です。ただし、この具体的なポインタの数値そのもの（絶対的な数値）は、重要ではありません。ポインタの数値は、OS や CPU のアーキテクチャ、使用可能なメモリ量、そのとき実行されている他のアプリや実行されているモジュールの状況など、そのときの状況によって異なります。同じ環境の一つのプログラムの中でポインタ値を比較して判断するようなときや、値をつなげる場合にポインタの値が意味を持ちますが、それでもプログラマーがポインタの数値そのものを扱うことはめったにありません（ポインタの値は実行時ごとに異なるからです）。
　ポインタ p が指す場所の値は *p で表すことができます。

```
// ポインタが指す場所の文字を出力する
printf("*p=%c\n", *p);
```

ポインタのサイズは、sizeof() で調べることができます。

```
int size = (int)sizeof(p);
```

　次の例は、ポインタの値とポインタが指す場所の値、そしてポインタのサイズを出力するプログラムの例です。

リスト 8.5 ● pointer.c

```
/*
 * pointer.c
 */
#include <stdio.h>

int main(int argc, char* argv[])
{
  char c = 'A';
  char *p;

  p = &c;    // cのアドレスをpに保存する

  // ポインタの値を出力する
  printf("p=%p\n", p);

  // ポインタが指す場所の文字を出力する
  printf("*p=%c\n", *p);

  // ポインタのサイズを出力する
  printf("sizeof(p)=%d\n", (int)sizeof(p));

  return 0;
}
```

　このプログラムの実行例を次に示します。出力されるポインタの値やポインタのサイズは環境によって異なります。

```
C:\CCpp\ch08>pointer
p=000000000061FE17
*p=A
sizeof(p)=8
```

　第6章「関数とマクロ」でも示しましたが、上に示した条件のとき、次の関係を覚えておくことは重要です。

```
c = 'A';
p = &c;    // 「A」のアドレスはp
*p = c;    // cの値「A」は*pでも表せる
```

　ここまでポインタの説明を読んできても、ポインタのことがまだよく理解できない場合もあるでしょう。ポインタは理解が難しいと考えられている傾向が実際にあります。しかし、それでもポインタを使うのには理由があります。

　C言語やC++でポインタを扱うのには、主に次のような理由があります。

　まず、実行時にならないとサイズや長さがわからないデータを保存するときにポインタを使うことができます。この方法を使うと、使用できるメモリ量を上限として大きなデータをプログラムの内部で扱うことができるようになります。

　また、構造体などのデータ構造を連結したり、関数のアドレスを活用するようなときにポインタを使うことができます。

　さらに、配列で多数の要素を扱うより、ポインタを使ったほうが実行速度が早くなるという利点もあります。

Note　ポインタについては実際に使ってみることで理解を深めることができます。上記の理由の具体的な例は、この後の説明と、第9章「構造体とクラス」の説明で取り上げます。

◆ 配列とポインタ

　配列 a を次のように宣言して文字列 "Hello" で初期化し、配列変数のポインタを変数 p に保存したとします。

```
char a[] = "Hello";
char *p = a;
```

このとき、p は a[0] の場所を指しています。

ここで重要なのは、C/C++ では**メモリ上で配列の要素は連続して保存される**ということです。p が a[0] の場所を指しているならば、p+1 は a[1] の場所を指し、p+2 は a[2] の場所を指すというように、ポインタの値が増えるごとに文字列の後ろの要素を指します。

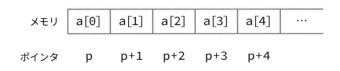

図8.4●配列の要素とポインタ

　メモリ上で配列の要素は連続して保存されるといっても、実際の物理メモリ上で連続しているかどうかはわかりません。たいていのシステムでは、配列の要素がメモリ上で理論的に連続して保存されるように、OS がメモリを管理しています。

このことを使ってさまざまな操作を行うことができます。

たとえば、配列 a の要素（この場合は文字）を順に出力するには次のようにします。

```
for (i=0; a[i] != '¥0'; i++)
  printf("a[%d]=%c¥n", i, a[i]); // 文字を順に出力する
```

この for 文の中身を展開すると次のようになります。

```
printf("a[0]=%c¥n", a[0]);  // 先頭文字を出力する
printf("a[1]=%c¥n", a[1]);  // 2番目の文字を出力する
printf("a[2]=%c¥n", a[2]);  // 3番目の文字を出力する
   ⋮
```

ところで、a[0] の値はポインタ p が指す場所の値 *p でも得られます。配列の要素はメモリ上で連続して保存されるので、p の値を 1 だけ増やすとそこには a[1] の場所が保

存されていて、*(p+1) は a[1] の値になります。つまり、次のようにしても配列 a の中の文字を順に出力することができます。

```
printf("%c¥n", *p);        // 先頭文字を出力する
printf("%c¥n", *(p + 1));  // 2番目の文字を出力する
printf("%c¥n", *(p + 2));  // 3番目の文字を出力する
  ⋮
```

Note　* は + より演算子として優先順位が高いので、「printf(%c¥n", *p + 1);」としてしまうとここで望む結果は得られず、a[0] の値（文字 'H'）に 1 を加えた値 'I' が出力されてしまいます。

p の値は p++ でインクリメントできるので、次のようにしても同じことができます。

```
for (i=0; a[i] != '¥0'; i++)
  printf("%c¥n", *p++); // 文字を順に出力する
```

これらをまとめて実行できるようにしたプログラムの例をリスト 8.6 に示します。

リスト 8.6 ● incpointer.c

```
/*
 * incpointer.c
 */
#include <stdio.h>

int main(int argc, char* argv[])
{
  char a[] = "Hello";
  char *p = a;
  int i;

  // 文字列を出力する
  printf("s=%s¥n¥n", p);
```

```
  printf("a[0]=%c¥n¥n", a[0]);        // 先頭文字を出力する

  printf("a[0]=%c¥n", *p);            // 先頭文字を出力する
  printf("a[1]=%c¥n", *(p + 1));      // 2番目の文字を出力する
  printf("a[2]=%c¥n", *(p + 2));      // 3番目の文字を出力する
  printf("a[3]=%c¥n", *(p + 3));      // 4番目の文字を出力する
  printf("a[4]=%c¥n", *(p + 4));      // 5番目の文字を出力する
  printf("¥n");

  for (i=0; a[i] != '¥0'; i++)
    printf("a[%d]=%c¥n", i, *p++);    // 文字を順に出力する
  printf("¥n");

  return 0;
}
```

実行すると次のようになります。

```
C:¥CCpp¥ch08>incpointer
s=Hello

a[0]=H

a[0]=H
a[1]=e
a[2]=l
a[3]=l
a[4]=o

a[0]=H
a[1]=e
a[2]=l
a[3]=l
a[4]=o
```

一般的にいって、配列の各要素に配列添え字を使ってアクセスする（a[i]）よりも、

ポインタをインクリメントしながらアクセスする（*p++）ほうが、実行時の速度が速くなります。

◆ 動的メモリ確保 ·· ◆

次のようにして char の配列を宣言したとします。

```
char buff[256];
```

すると、256 バイト分のメモリが確保されて（変数に割り当てられて）、buff という名前で使えるようになります。

今度は次のように char のポインタを宣言したとします。

```
char *ps;
```

これは char の場所を指すポインタ変数 ps が確保されただけで、これだけでは文字列を保存することはできません。

メモリを確保して使えるようにするには、たとえば **malloc()** を使って文字列を保存するためのメモリを確保する必要があります。

malloc() は stdlib.h で宣言されていて、書式は次の通りです。

```
void *malloc(size_t size);
```

引数 size に確保するバイト数を指定します。

次のようにすると、256 バイトのメモリを確保して、変数 ps に割り当てることができます。

```
ps = malloc(256);
```

　この確保したメモリは初期化されていない（どんな値が入っているかわからない）ので、**memset()** で初期化するように習慣づけておくのが良いでしょう。

　memset() は string.h で宣言されていて、書式は次の通りです。

```
void *memset(void *s, int c, size_t n);
```

　s は値をセットしたいメモリの先頭アドレス、c はセットする値、n には値をセットするバイト数を指定します。

　たとえば、256 バイトのメモリを値 0 で初期化するときには次のようにします。

```
memset(ps, 0, 256);
```

　これでポインタ ps が指すメモリ領域に値を保存できるようになりました。このメモリは自由に使えますが、たとえば、buff という char の配列変数の内容（文字列）を ps にコピーするには、**memcpy()** を使います。

　memcpy() は string.h で宣言されていて、書式は次の通りです。

```
void *memcpy(void *dest, const void *src, size_t n);
```

　dest はコピー先、src はコピー元のアドレス、n はコピーするバイト数を指定します。

　この場合は、次のようにして buff の内容を ps にコピーします。

```
memcpy(ps, buff, strlen(buff));
```

　最後に、メモリを割り当てたポインタ変数を引数として指定して **free()** を呼び出してメモリを解放します。

```
free(ps);
```

このメモリの開放の作業を忘れると、メモリが割り当てられているけれど使われないままになってしまいます。このようなメモリの無駄使いを**メモリリーク**といいます。

次の例は動的に確保したメモリを使う方法を示すプログラムの例です。

リスト 8.7 ● memalloc.c

```c
/*
 * memalloc.c
 */
#include <stdio.h>
#include <stdlib.h>
#include <string.h>
#ifdef _MSC_VER
#pragma warning(disable : 4996)
#endif

int main(int argc, char* argv[])
{
  char *ps;
  char buff[256];

  printf("文字列：");
  fgets(buff, 255, stdin);

  // メモリを確保する
  ps = malloc(256);
  if (ps == NULL)
  {
    printf("メモリを確保できませんでした.\n");
    return -1;
  }

  /* メモリを0で初期化する */
  memset(ps, 0, 256);

  /* buffの内容をpsにコピーする */
  memcpy(ps, buff, strlen(buff));
  printf("buff=%s\nps=%s\n", buff, ps);
```

```
  /* メモリを解放する */
  free(ps);

  return 0;
}
```

実行例を以下に示します。

```
C:¥CCpp¥ch08>memalloc
文字列：Hello, dogs.
buff=Hello, dogs.

ps=Hello, dogs.
```

　この例ではメモリを 256 バイト確保していますが、たくさんのデータをプログラムの内部に保持したいような場合には、プログラムの実行時に必要な長さだけを確保することができるので、メモリを節約することができます（9.1 節「構造体」の「構造体のリンク」項の最後の Note を参照してください）。

◆ 関数のポインタ

　関数のポインタは、関数がある場所を示す値です。
　たとえば、stdlib.h で宣言されている **qsort()** はデータの並べ替えに使う関数ですが、比較関数のポインタを引数に指定します。
　qsort() の書式は次の通りです。

```
void qsort(void *base, size_t nmemb, size_t size,
                int (*compare)(const void *, const void *));
```

　base には並べ替えるデータが入っている配列の先頭アドレス（ポインタ）を指定します。*nmemb* にはデータの数を指定します。*size* にはデータ 1 個のサイズを指定します。

　compare() は比較関数のポインタで、ここでは次のような比較関数を定義して使います。

```
int compare(const void *a, const void *b) {
  return *(int *)a - *(int *)b;
}
```

　この関数は、引数 *a と *b の値を比較して *a のほうが大きければ正の値を、*b のほうが大きければ負の値を、*a と *b が同じ値ならゼロを返して、qsort() が並べ替えるときの判断基準とします。

　データが data に 20 個保存されているとすると、qsort は次のように使います。

```
qsort((void *)data, 20, sizeof(data[0]), compare);
```

　関数の名前 compare を指定することで関数のポインタを渡すことができる点に注意してください。

　リスト 8.8 は、0 ～ 99 のランダムな数を 20 個生成して配列に保存し、小さい順にソートする（並べ替える）プログラムの例です。

リスト 8.8 ● sortdata.c

```
/*
 * sortdata.c 要素を並べ替えるプログラム
 */
#include <stdio.h>
#include <time.h>
#include <stdlib.h>
#include <string.h>

/* 比較関数 */
int compare(const void *a, const void *b) {
  return *(int *)a - *(int *)b;
}
```

```c
int main(void)
{
  int data[25];
  int i;

  // 乱数ジェネレーターを初期化する
  srand((unsigned int)time(NULL));

  // 0 ～ 99 のランダムな数を20個生成して保存する
  for (int i = 0; i < 20; i++)
    data[i] = rand() % 100;

  // 保存されているデータを出力する
  printf("ソート前=");
  for (i = 0; i < 20; i++)
    printf("%d, ", data[i]);
  printf("¥n");

  // ソートする
  qsort((void *)data, 20, sizeof(data[0]), compare);

  // ソートされたデータを出力する
  printf("ソート後=");
  for (i = 0; i < 20; i++)
    printf("%d, ", data[i]);
  printf("¥n");

  return 0;
}
```

このプログラムをコンパイルして実行する例を次に示します。

```
C:¥CCpp¥ch08>gcc -o sortdata sortdata.c

C:¥CCpp¥ch08>sortdata
ソート前=58, 43, 10, 10, 84, 5, 67, 95, 49, 28, 0, 30, 5, 60, 75, 80, 45, 46, 79,
57,
```

```
ソート後=0, 5, 5, 10, 10, 28, 30, 43, 45, 46, 49, 57, 58, 60, 67, 75, 79, 80, 84,
95,
```

8.3 コマンドライン引数

ここでは、プログラムを起動するときに指定できる**コマンドライン引数（パラメーター）**の使い方について説明します。

◆ コマンドライン

プログラムを実行するときに、OS に対して入力する文字列全体を**コマンドライン**といいます。たとえば、コマンドプロンプト > または $ に対して次のように入力したとします。

```
>echo sample.dat 200 true        （Windowsの場合）

$ echo sample.dat 200 true       （UNIX系OSの場合）
```

このときの「echo sample.dat 200 true」全体がコマンドラインで、空白で区切られた個々の文字列「echo」、「sample.dat」、「200」、「true」はコマンドラインパラメーターです（C/C++ プログラムはこれらすべてをパラメーターとして受け取りますが、最初の文字列はコマンドと同じ文字列で、残りがコマンドに対するパラメーターです）。

◆ コマンドライン引数の処理

C/C++ のプログラムを起動するときに、コマンドラインにパラメーターを指定すると、プログラムの中でパラメーターを利用することができます。このコマンドラインのパラメーターを取得するには、main() の引数を使います。

```
int main(int argc, char* argv[])
```

　プログラムを起動したとき、main() の引数 **argc** にはコマンドラインパラメーターの数 + 1 の値が保存されています。**argv** にはコマンドラインパラメーターが文字配列のポインタの形で保存されています。

　たとえば、次のようなコマンドラインで起動したとします。

>**program sample.dat 200 true**

　すると、main() の引数の内容は次のようになります。

```
int argc = 4;
char argv[0] = "program";
char argv[1] = "sample.dat";
char argv[2] = "200";
char argv[3] = "true";
```

　引数の値は文字列の配列（char *argv[]）であるという点に注意してください。引数に整数や実数を指定したつもりでも、プログラムに渡されるのは数値の文字列表現になります。

　for 文を使ってコマンドライン引数を出力するコードは次のようになります。

```
for (i=0; i<argc; i++)
  printf("argv[%d]=%s¥n", i, argv[i]);
```

　リスト 8.9 は、コマンドライン引数の数と内容を出力するプログラムの例です。

リスト 8.9 ● cmdargs.c

```
/*
 * cmdargs.c
 */
```

```
#include <stdio.h>

int main(int argc, char* argv[])
{
  int i;

  if (argc < 2) {
    printf("引数を1個以上指定してください。¥n");
      return -1;
  }

  // コマンドライン引数の数を出力する
  printf("argc=%d¥n", argc);

  // コマンドライン引数を出力する
  for (i=0; i<argc; i++)
  {
    printf("argv[%d]=%s¥n", i, argv[i]);
  }

  return 0;
}
```

実行例を次に示します。

```
C:¥CCpp¥ch08>cmdargs Hello 123 abc 23.45
argc=5
argv[0]=cmdargs
argv[1]=Hello
argv[2]=123
argv[3]=abc
argv[4]=23.45
```

　引数を数値として扱いたい場合は、char の配列から数値に変換する必要があります。それには表8.1 に示すような stdlib.h で宣言されている関数を使うことができます。

表8.1 ● charの配列から数に変換する関数

関数	機能
int atoi(const char *nptr);	charの配列の文字列を整数に変換する。
long atol(const char *nptr);	charの配列の文字列をlong整数に変換する。
double atof(const char *nptr);	charの配列の文字列をdouble値に変換する。

　リスト 8.10 は、コマンドライン引数に指定した整数値を合計して出力するプログラムの例です。

リスト 8.10 ● sumargs.c

```c
/*
 * sumargs.c
 */
#include <stdio.h>
#include <stdlib.h>

int main(int argc, char* argv[])
{
  int i, x = 0;

  if (argc < 2) {
    printf("引数を1個以上指定してください。¥n");
      return -1;
  }

  // コマンドライン引数の値を加算する
  for (i=1; i<argc; i++)
  {
    x += atoi(argv[i]);
  }
  printf("Total=%d¥n", x);

  return 0;
}
```

実行例を次に示します。

```
C:\CCpp\ch08>sumargs 123 45 67 21
Total=256
```

■練習問題■

8.1　char 配列の文字配列を要素とする配列に複数の文字列を保存して出力するプログラムを作成してください。保存する文字列の長さは最大で 127 バイトで、文字列数は 100 以下とします。

8.2　char、short、int、long、float、double のそれぞれの型の変数を作成して値を保存し、それぞれの型のポインタのサイズと値を出力するプログラムを作成してください。

8.3　コマンドライン引数に指定した実数値を合計して、小数点以下 2 桁まで出力するプログラムを作成してください。

第9章

構造体とクラス

ここでは、構造体や共用体、C++ のクラスなどについて説明します。

9.1　構造体

構造体はメンバーと呼ばれる要素の集まりです。

◆ 構造体の定義 .... ◆

構造体は、いくつかのメンバーで構成されるデータ構造です。構造体のことを**型**あるいは**データ型**、**ユーザー定義型**と呼ぶことがあります。

構造体の書式は次の通りです。

```
struct [tag] {
  member-list
} [decl];
```

tag は構造体を識別するタグです。*member-list* は構造体のメンバーのリストで、メンバーは一般的なデータ型でも、ポインタでも、他の構造体やクラスでもかまいません。

decl は変数宣言で、構造体を宣言すると同時に変数を宣言したいときには、*decl* に変数名を列挙します。通常はその構造体を宣言してすぐにその構造体を使いたいときに記述します。

次の例は、XY というタグの構造体を定義し、この構造体の変数 pos1 を宣言した例です。

```
struct XY    // 構造体の宣言
{
  int x;
  int y;
} pos1;
```

ここで作成した XY 構造体の変数 pos1 に値を保存するときには次のようにします。

```
pos1.x = 10;
pos1.y = 20;
```

次の例のように typedef を使って構造体をデータ型として宣言することや、定義した構造体変数を作成するとともに初期化することもできます。

```
typedef struct XY Point;

int main(int argc, char* argv[])
{
  Point pos = {2, 3};
```

次の例は点の座標を表す構造体 XY を宣言して使う例です。

リスト 9.1 ● struct1.c

```
/*
 * struct1.c
 */
#include <stdio.h>

 // 構造体の宣言（変数も同時に宣言）
struct XY
{
  int x;
  int y;
} pos1;

typedef struct XY Point;

int main(int argc, char* argv[])
{
  Point pos = {2, 3};

  printf("pos=(%d, %d)\n", pos.x, pos.y);
```

```
  pos1.x = 10;
  pos1.y = 20;
  printf("pos1=(%d, %d)\n", pos1.x, pos1.y);

  return 0;
}
```

実行すると次のようになります。

```
C:¥CCpp¥ch09>struct1
pos=(2, 3)
pos1=(10, 20)
```

また、キーワード typedef を使って構造体を宣言するとともにデータ型として宣言することもできます。このときには *tag* を省略できます。たとえば、次のようにして 2 個のメンバーを持つ構造体をデータ型 Point として定義することができます。

```
typedef struct
{
  int x;
  int y;
} Point;
```

次の例は上のデータ型 Point を実行できるようにしたプログラムの例です。

リスト 9.2 ● struct2.c

```
/*
 * struct2.c
 */
#include <stdio.h>

  // 構造体の宣言（データ型として宣言）
typedef struct
{
```

```
  int x;
  int y;
} Point;

int main(int argc, char* argv[])
{
  Point pos = {2, 3};

  printf("pos=(%d, %d)\n", pos.x, pos.y);

  return 0;
}
```

◆ 構造体を持つ構造体

構造体のメンバーを構造体にすることもできます。

たとえば、円の中心座標と半径を保存する構造体を作成するものとします。

最初に中心座標 (x, y) を保存する構造体 Point を定義します。

```
// XY - 座標の構造体
typedef struct {
  int x;
  int y;
} XY;
```

そして、この構造体を保存し、さらに半径を保存する円の構造体を定義します。

```
// Circle - 円の構造体
typedef struct {
  XY center;
  int radius;
} Circle;
```

円の値は次のようにして作ることができます。

```
Circle c = { {40, 50}, 70 };
```

座標値にアクセスするためには、次の形式でアクセスします。

```
（円の構造体変数）.（円の構造体メンバー）.（座標の構造体メンバー）
```

この例ではこれは次のようになります。

```
c.center.x      // 円のX座標
c.center.y      // 円のY座標
```

この式は、たとえば次のように使います。

```
printf("中心座標は(%d,%d)\n", c.center.x, c.center.y);
printf("半径は%d\n", c.radius);
```

実行できるプログラム全体を次に示します。

リスト 9.3 ● struct3.c

```c
/*
 * struct3.c
 */
#include <stdio.h>

// XY - 座標の構造体
typedef struct {
  int x;
  int y;
} XY;

// Circle - 円の構造体
typedef struct {
```

```
    XY center;
    int radius;
} Circle;

int main(int argc, char* argv[]) {

    Circle c = { {40, 50}, 70 };

    printf("中心座標は(%d,%d)¥n", c.center.x, c.center.y);
    printf("半径は%d¥n", c.radius);

    return 0;
}
```

これを実行すると、次のように出力されます。

```
C:¥CCpp¥ch09>struct3
中心座標は(40,50)
半径は70
```

◆ 構造体のリンク

構造体を次の構造体にリンクしてリストを作成することができます。

ここでは次のような個人の番号と名前を保存する構造体を考えてみます。

```
// Member型の定義
typedef struct member {
    int number;
    char name[128];
    struct member *next;
} Member;
```

この構造体のメンバーは、番号（int number）と名前（char name[128]）、そして、この構造体の次の要素を表すポインタ（struct member *next）です。

この構造体を次の図のようにつなげます。

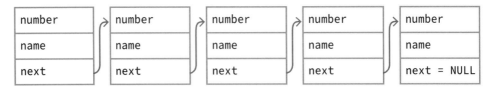

図9.1●構造体のリストのイメージ

構造体の next が次の構造体の先頭を指すというところがポイントです。最後の構造体の next は NULL にしてそれが最後の要素であることを識別します。

次の変数に入力されたデータを保存することにします。

```
Member data;

// 番号は自動で100から順につける
data.number = 100 + count;

// 名前は入力してもらい、data.nameに保存する
printf("名前を入力してください（終了はquit）\n");
fgets(buffer, 127, stdin);
strcpy(data.name, buffer);
```

構造体をつなげるためにさらに次のポインタ変数を宣言して NULL で初期化しておきます。

```
Member* start = NULL;  // リスト構造の先頭
Member* last = NULL;    // リスト構造の終端
```

start が NULL だったら、最初の要素です。構造体のメモリを確保して、last を start に設定します。そうでなければ 2 番目以降のデータなので、やはり構造体のメモリを確保して作成した構造体のアドレスを last の next に保存します。

```
if (start == NULL) { // 最初の要素
  start = malloc(sizeof(Member));
  last = start;
}
else {          // *nextに要素を追加する
  last->next = malloc(sizeof(Member));
  last = last->next;
}
```

これで last にデータを保存する準備ができたので、データを保存します。

```
*last = data;
last->next = NULL;
```

データを表示するには、構造体の next をたどっていきます。最初のデータは start が指している場所にあります。次のデータは現在の構造体の next が指しています。

```
Member* cur = NULL;     // 現在扱っているデータ

// データを表示する
for (cur = start; cur != NULL; cur = cur->next) {
  printf("%5d %s\n", cur->number, cur->name);
}
```

実行できるプログラム全体は次のようになります。

リスト 9.4 ● structlist.c

```
/*
 * structlist.c
 */
#include <stdio.h>
#include <stdlib.h>
#include <string.h>
```

```
// Member型の定義
typedef struct member {
  int number;
  char name[128];
  struct member *next;
} Member;

int main(int argc, char* argv[]) {

  int count = 0;
  char buffer[256];
  Member data;
  Member* start = NULL;  // リスト構造の先頭
  Member* last = NULL;   // リスト構造の終端
  Member* cur = NULL;    // 現在扱っているデータ

  printf("名前を入力してください（終了はquit）¥n");
  while (1) {
    fgets(buffer, 127, stdin);
    buffer[strlen(buffer)-1] = '¥0';
    if (strcmp(buffer, "quit") == 0)
      break;

    if (start == NULL) { // 最初の要素
      start = malloc(sizeof(Member));
      if (start == NULL) {
        fprintf(stderr, "メモリエラー");
        return -1;
      }
      last = start;
    }
    else {          // *nextに要素を追加する
      last->next = malloc(sizeof(Member));
      last = last->next;
    }
    data.number = 100 + count;
    strcpy(data.name, buffer);
    *last = data;
```

```
        last->next = NULL;
        count++;
    }

    printf("%d件のデータを登録しました。¥n", count);

    // データを表示する
    printf("登録されたデータ¥n");
    for (cur = start; cur != NULL; cur = cur->next) {
        printf("%5d %s¥n", cur->number, cur->name);
    }

    return 0;
}
```

実行例を次に示します。

```
C:¥CCpp¥ch09>structlist
名前を入力してください（終了はquit）
Tommy
Yamada
Henry
quit
3件のデータを登録しました。
登録されたデータ
  100 Tommy
  101 Yamada
  102 Henry
```

Note
このプログラムで、名前を保存する変数を「char name[128]」としないで「char *name」として、実行時に malloc() で必要なメモリだけを確保するようにすれば、メモリを大幅に節約できます。

9.2 共用体と列挙型

ここでは共用体と列挙型について説明します。

◆ 共用体 ....◆

共用体は型の異なる値を同じメモリに保存するときに使います。構造体とは違って、共用体では先頭アドレスが重複する部分にすべてのメンバーの同じ値が保存され、それぞれの型の値として解釈されます。

たとえば、char、int、long の共用体のメモリ上の状態は次のようになります（ここでは char は 8 ビット、int は 16 ビット、long は 32 ビットと仮定します）。

図9.2●union

型の異なる値を保存する構造を作るには union を使います。union の書式は構造体に似ていて、次の通りです。

```
union [tag] {
  member-list
} [decl];
```

tag は共用体を識別するタグです。*member-list* は共用体のメンバーのリストです。*decl* は変数宣言です。

次の例は共用体を宣言して使用する例です。

リスト 9.5 ● unionsmpl.c

```c
/*
 * unionsmpl.c
 */
#include <stdio.h>
#include <stdlib.h>
#include <string.h>
#ifdef _MSC_VER
#pragma warning(disable : 4996)
#pragma warning(disable : 6031)
#endif

// 共用体の定義
union _CINT {
  unsigned long l;
  int i;
  char ch;
};
typedef union _CINT cint;

int main(int argc, char* argv[])
{
  int n;
  cint v;
  v.l = 0L;

  printf("整数を入力してください:");
  scanf("%d", &n);
  // v に整数として保存する
  v.i = n;

  // 文字として取り出す
  printf("%c=0x%02X¥n", v.ch, v.ch & 0xff);

  // intとして取り出す
  printf("%d¥n", v.i);

  // longとして取り出す
```

```
    printf("%ld¥n", v.l);

    return 0;
}
```

　64 ビット Windows 10 で GCC を使ってコンパイルして実行したときの実行例を次に示します。

```
C:¥CCpp¥ch09>unionsmpl
整数を入力してください:12345
9=0x39
12345
12345
```

Note　実際の出力は環境によって異なります。

◆ **列挙型** ·· ◆

　列挙型は、一連の整数の定数（列挙子）を定義するときに使います。これはあたかもデータ型であるかのように扱われます。一連の定数を定義するために enum を使います。enum の書式は次の通りです。

```
enum [tag]
{
  id [= value]
  [ , ... ]
}
```

　tag は列挙型の名前です。省略可能ですが、この列挙型の変数を宣言して使いたいときには必須です。

　id は定数（列挙子）の名前です。

　value は定数の値で、省略可能です。*value* を省略した場合、デフォルトでは最初の定数の値は 0 から始まり、以降の定数には一つ前の定数より 1 ずつ大きな値が割り当てられます。

　次の例は、定数を 7 種類定義する例です。DATA_ID の実際の値は −1、DATA_NAME の値は 0、DATA_ADDRESS1 の値は 1、DATA_ADDRESS2 の値は 2、DATA_UNKNOWN の値は 99 です。

```
enum
{
  DATA_ID = -1,
  DATA_NAME,
  DATA_ADDRESS1,
  DATA_ADDRESS2,
  DATA_ADDRESS3,
  DATA_PHONE,
  DATA_UNKNOWN = 99
};
```

　次の例は、DiskType という名前で、TYPE_SSD（値は 0）、TYPE_HD（1）、TYPE_CDROM（3）、TYPE_UNKNOWN（4）という 4 個の定数を定義し、DiskType 型の変数を宣言する例です。

```
enum DiskType
{
  TYPE_SSD,
  TYPE_HD,
  TYPE_CDROM = 3,
  TYPE_UNKNOWN
};

// 列挙型の変数を宣言する
enum DiskType dt; // Cではenumとタグを使って宣言
```

　次の例は、列挙型で定義した値を使うプログラムの例です。

リスト 9.6 ● enumsmpl.c

```c
/*
 * enumsmpl.c
 */
#include <stdio.h>

// DiskTypeの定義
enum DiskType
{
  TYPE_SSD,
  TYPE_HD,
  TYPE_CDROM = 3,
  TYPE_UNKNOWN
};

int main(int argc, char* argv[])
{
  printf("SSDの値は=%d\n", TYPE_SSD);
  printf("HDの値は=%d\n", TYPE_HD);
  printf("CD-ROMの値は=%d\n", TYPE_CDROM);
  printf("不明の値は=%d\n", TYPE_UNKNOWN);

  return 0;
}
```

実行結果は次のようになります。

```
C:¥CCpp¥ch09>enumsmpl
SSDの値は=0
HDの値は=1
CD-ROMの値は=3
不明の値は=4
```

9.3　クラス【C++】

　クラスはオブジェクトを作成するときのひな型です。ここでは、クラスの持つ意味、クラスの定義の仕方と使い方について説明します。

　クラスは C++ だけで使うことができます。C 言語ではクラスは使えません。

◆ クラスとオブジェクト

　オブジェクト指向プログラミングでは、一般にクラスからオブジェクトを作成します。

　クラスは、オブジェクトのひな形となる定義です。オブジェクトはクラスのインスタンスとして作成しますから、オブジェクトを作成するためにはクラスを定義する必要があります。

　オブジェクトは、特定の型（クラス）の**インスタンス**（具体的なオブジェクト）のことです。

　たとえば、Dog（犬）クラスというのは型（種類）の名前であって、Dog クラスのたとえば pochi という特定の犬がインスタンスであり具体的なオブジェクトです。

図9.3●クラスとインスタンス

　Dog は pochi だけではなく、隣の家の kenta も Dog ですから、同じクラスのオブジェクト（インスタンス）が複数存在することはなんの不思議もありません。

　また、それぞれの Dog には、名前があり、体重があって、吠えるという共通の行動を
とります。

◆ クラスの定義

　クラスは、いくつかのメンバーで構成されるデータ構造です。クラスを定義するとき
には、キーワード class と名前を使います。
　クラスの基本的な書式は次の通りです。

```
class [tag] {
  member-list
};
```

　tag はクラスを識別するタグです。*member-list* はクラスのメンバーのリストで、メン
バーは一般的なデータ型でも、ポインタでも、定数でも、他のクラスでもかまいません。
さらに、メンバーは関数でもかまいません。クラスには関数（プログラムコード）を定
義できるという点は、構造体と大きく異なる点です。
　次の例は Dog という名前のクラス定義の例です。

```
class Dog {

  // クラスのメンバー

};
```

　ここに、name（名前）と weight（体重）という変数を作成してみましょう。

```
class Dog {
```

```
public:
  std::string name;   // 名前
  int age;            // 年齢
};
```

　このクラス定義の2行目にある「public:」は、これらの変数がクラスの外側からアクセスできることを意味します。このようなアクセスの範囲を指定するものを**アクセス修飾子**または**アクセス指定子**といいます。通常使われる主なアクセス修飾子を次の表に示します。

表9.1●主なアクセス修飾子

修飾子	意味
public:	アクセスは制限されない。クラスの外部や継承されたクラスからもアクセスできる。
protected:	そのクラスかそのクラスから継承されたクラスからアクセスできる。
private:	そのクラス内部にアクセスが制限される。

　クラスを定義したら、クラスのインスタンスが作成される時に呼び出される**コンストラクタ**と呼ばれる特別な関数を定義します。この関数の名前はクラス名と同じで、関数の内容は必要に応じてクラスの初期化と、クラスのメンバー変数を設定するコードです。

```
class Dog {
public:
  std::string name;   // 名前
  int age;            // 年齢

  // コンストラクタ
  Dog(std::string dogname, int dogage)
  {
    name = dogname;
    age = dogage;
  }
```

　次に、このクラスの中にbark（吠える）とprint（名前と体重を出力する）という動

作を表す関数を作成してみましょう。クラスの中の関数は特に**メンバー関数**と呼びます
（他のオブジェクト指向プログラミング言語ではメソッドと呼ばれることがあります）。

```
class Dog {
public:
  std::string name;    // 名前
  int age;             // 年齢

  // コンストラクタ
  Dog(std::string dogname, int dogage)
  {
    name = dogname;
    age = dogage;
  }

  // メンバー関数
  void bark() {
    std::cout << "ワン！ワン！" << std::endl;
  };

  void print() {
    std::cout << "名前=" << name
      << "　年齢=" << age << std::endl;
  };

};
```

これで Dog クラスが定義できました。
　クラスのインスタンス（オブジェクト）を作成するには、キーワード new を使ってコ
ンストラクタを呼び出します。

```
Dog* pochi = new Dog("ぽち", 5);
```

　これでポインタ pochi が指す場所に Dog のインスタンス（オブジェクト）が作成され
ました。

また、クラスのメンバー関数は次のような形式で呼び出します。

```
pochi->print();
```

new で作成したオブジェクトは、使い終わったら delete で削除します。

```
delete pochi;
```

次の例は、Dog という名前のクラスを定義して、その中に bark() と print() という名前のメンバー関数を定義したプログラムの例です。

リスト 9.7 ● dog.cpp

```cpp
// dog.cpp
#include <iostream>
#include <string>

class Dog {
public:
  std::string name;    // 名前
  int age;             // 年齢

  Dog(std::string dogname, int dogage)
  {
    name = dogname;
    age = dogage;
  }

  void bark() {
    std::cout << "ワン！ワン！" << std::endl;
  };

  void print() {
    std::cout << "名前=" << name
      << "　年齢=" << age << std::endl;
  };
```

```
};

int main(int argc, char* argv[])
{
  Dog* pochi = new Dog("ぽち", 5);

  pochi->print();

  pochi->bark();

  // 使い終わったらdelete
  delete pochi;

  return 0;
}
```

このプログラムをコンパイルして実行する例を次に示します。

```
C:¥CCpp¥ch09>g++ -o dog dog.cpp

C:¥CCpp¥ch09>dog
名前=ぽち　年齢=5
ワン！ワン！
```

◆ **継承** ⋯⋯⋯⋯⋯⋯⋯⋯⋯⋯⋯⋯⋯⋯⋯⋯⋯⋯⋯⋯⋯⋯⋯⋯⋯⋯⋯⋯⋯⋯◆

　継承とは、あるクラスから派生したクラスが、もとのクラスが持つ特性や動作などを引き継ぐということです。

　C++ のクラスは、他の既存のクラスから**派生**することができます。派生したクラスは、元のクラスを継承します。

　わかりやすい例で例えると、まず、「4 本足の動物」を Animal（動物）クラスとして定義したものとします。この「クラス」は、四本足（legs=4）で名前（name）と体重（weight）があり、歩く（walk）ことができるということだけはわかっていますが、どんな種類の動物であるかという点が未確定の、定義がややあいまいなクラスです。

　プログラムの中で実際に具体的な犬というもの（オブジェクト）を使いたいときには、Animal クラスから派生したクラスとして、たとえば、Dog クラスという、より具体的なクラスを定義します。Dog クラスは、Animal クラスのもつあらゆる特性（四本足、名前がある、体重がある）や動作（歩くなど）をすべて備えているうえに、さらに「犬」として機能する特性（尻尾が 1 本ある）や動作（ワンと吠える）を備えています。つまり、Dog クラスは、より一般的な Animal クラスのもつ特性や動作を継承しているといえます。

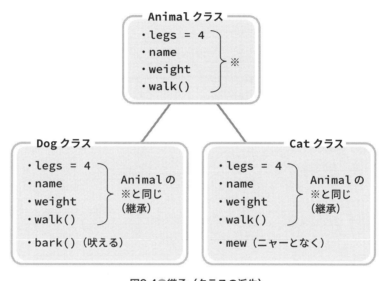

図9.4●継承（クラスの派生）

　あるクラスを継承して別のクラスを宣言するときに、継承元のクラスとして使われるクラスを**ベースクラス**といい、継承して作成した新しいクラスを**派生クラス**といいます。

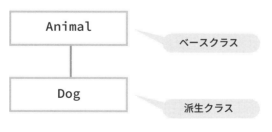

図9.5●ベースクラスと派生クラス

　ベースクラスは、基本クラス、スーパークラス、親クラスあるいは上位クラス、派生もとのクラスなどと呼ばれることがあります。

　派生クラスは、派生したクラス、子クラスあるいは下位クラス、サブクラスなどと呼ばれることがあります。

◆ **継承の例** ···◆

　ここで、Dog クラスと Cat クラスを定義して使うことを考えてみましょう。

　個々のクラスをまったく別々に定義することもできますが、最初に Animal クラスを定義して、それを継承する派生クラス Dog クラスと Cat クラスを定義すると、Animal クラスに共通することは Animal クラスに記述できるので、コードを整理できます。

　そこで、まず、ベースクラスである Animal クラスを定義してみましょう。

```
class Animal
{
protected:
  std::string name;    // 名前
  int age;             // 年齢

public:
  Animal(std::string name, int age)
  {
    this->name = name;
    this->age = age;
  }

  void print() {
    std::cout << "名前=" << name
      << "  年齢=" << age << std::endl;
  };
};
```

　ベースクラスを定義するときに、書式上、特別なことは何もありません（これまでに説明したクラスの定義の方法と同じです）。

次に、派生クラスである Dog クラスを定義してみましょう。次のように定義します。

```cpp
class Dog : public Animal
{
  // nameやage、print()はAnimalクラスで定義されているものを継承
public:
  Dog(std::string name, int age) : Animal(name, age){};

  void bark() {
    std::cout << "ワン！ワン！" << std::endl;
  };
};
```

ここで、クラスの宣言でベースクラスを指定して「class Dog : public Animal」としていることに注目してください。これで Dog クラスは Animal から派生したことを示します。

Cat クラスは Dog クラスと同じように定義できます。ただし、泣き声だけは「にゃーにゃー」に変えます。

```cpp
class Cat : public Animal
{
  // nameやage、print()はAnimalクラスで定義されているものを継承
public:
  Cat(std::string name, int age) : Animal(name, age){};

  void bark() {
    std::cout << "にゃー にゃー" << std::endl;
  };
};
```

Animal、Dog、Cat クラスをまとめると、次のようになります。

```cpp
class Animal
{
```

```
protected:
  std::string name;    // 名前
  int age;             // 年齢

public:
  Animal(std::string name, int age)
  {
    this->name = name;
    this->age = age;
  }

  void print() {
    std::cout << "名前=" << name
      << "  年齢=" << age << std::endl;
  };
};

class Dog : public Animal
{
  // nameやage、print()はAnimalクラスで定義されているものを継承
public:
  Dog(std::string name, int age) : Animal(name, age){};

  void bark() {
    std::cout << "ワン！ワン！" << std::endl;
  };
};

class Cat : public Animal
{
  // nameやage、print()はAnimalクラスで定義されているものを継承
public:
  Cat(std::string name, int age) : Animal(name, age){};

  void bark() {
    std::cout << "にゃー にゃー" << std::endl;
  };
};
```

Animal、Dog、Cat クラスを使うプログラムの例を次に示します。

リスト 9.8 ● animals.cpp

```cpp
// animals.cpp
#include <iostream>
#include <string>

class Animal
{
protected:
  std::string name;    // 名前
  int age;             // 年齢

public:
  Animal(std::string name, int age)
  {
    this->name = name;
    this->age = age;
  }

  void print() {
    std::cout << "名前=" << name
      << "  年齢=" << age << std::endl;
  };
};

class Dog : public Animal
{
public:
  Dog(std::string name, int age) : Animal(name, age){};

  void bark() {
    std::cout << "ワン！ワン！" << std::endl;
  };
};

class Cat : public Animal
{
```

```
public:
  Cat(std::string name, int age) : Animal(name, age){};

  void bark() {
    std::cout << "にゃー にゃー" << std::endl;
  };
};

int main(int argc, char* argv[])
{
  Dog* pochi = new Dog("ぽち", 5);

  pochi->print();
  pochi->bark();

  Cat* tama = new Cat("たま", 4);

  tama->print();
  tama->bark();

  delete pochi, tama;

  return 0;
}
```

これを実行すると次のように出力されます。

```
C:\CCpp\ch09>animals
名前=ぽち　年齢=5
ワン！ワン！
名前=たま　年齢=4
にゃー にゃー
```

◆ 多重継承

C++ では複数のベースクラスから一つの派生クラスを定義できます。
たとえば、チーズバーガーについて考えてみましょう。

チーズバーガー（Cheese burger）

チーズ（Cheese）

バンズ（Buns）

パティ（Patty）

図9.6●チーズバーガー

チーズバーガーは、バンズ（Buns）にチーズ（Cheese）とパティ（Patty）をはさんだ
ものです。これは、たとえば次のように定義できます。

```
class Buns {};
class Patty {};
class Cheese {};
class Cheeseburger : public Buns, private Cheese, private Patty {};
```

Buns、Cheese、Patty の 各 ク ラ ス に calorie と い う メ ン バ ー が あ る 場 合、
Cheeseburger クラスとその派生クラスでは、どの calorie を指しているのかわかるよう
に Buns::calorie や Patty::calorie のようにします。

これは完全に機能し、動作するようにプログラミングすることができますが、論理的
な問題を含んでいます。つまり、チーズバーガーは、本質的にバンズから派生したとみ
ることも、チーズやパティから派生したとみることもできます。これは、チーズバーガ
ーがパン（バンズ）料理に含まれるのか、肉（パティ）料理に含まれるか、あるいは、
チーズ料理に含まれるか、という問題を含みます。そして、プログラミング中に、その
ことが原因で混乱してしまう可能性があります。

このような理由から、他の多くのオブジェクト指向プログラミング言語では、多重継

承ができないようになっています。多重継承は、ほかに方法がない場合以外には使わないほうが良いでしょう。

◆ オーバーライドと仮想関数 ･････････････････････････････････ ◆

オーバーライド（override）は、C++ のクラスの継承で使われる機能です。ベースクラスを継承して作られた派生クラスで、ベースクラスのメンバーを上書き（override）することができます。

これまで使ってきたプログラムでは、Animal クラスにメンバー関数 print() を作って、派生クラスでも使ってきましたが、派生したクラスにもメンバー関数 print() を作ることができ、そうすると派生クラスのメンバー関数のほうが優先して呼び出されます。

```
class Dog : public Animal
{
  // nameやage、print()はAnimalクラスで定義されているものを継承
public:
  Dog(std::string name, int age) : Animal(name, age){};

  void bark() {
    std::cout << "ワン！ワン！" << std::endl;
  };

  // オーバーライド
  void print() override {
    std::cout << "犬だよ。名前は" << name
      << "　年齢は" << age << "歳だよ。" << std::endl;
  };
};
```

オーバーライドするメンバー関数には **override** を指定して**オーバーライド関数**であることを明示するようにすると良いでしょう。

また、ベースクラスのオーバーライドされるメンバー関数にはキーワード **virtual**（仮想）を付けることができます。virtual を付けた関数を**仮想関数**といいます。

```
class Animal
{
protected:
  std::string name;    // 名前
  int age;             // 年齢

public:
  Animal(std::string name, int age)
  {
    this->name = name;
    this->age = age;
  }

  virtual void print() {
    std::cout << "名前=" << name
      << "  年齢=" << age << std::endl;
  };
};
```

Note コンパイラのバージョンやオプションの指定しだいで、キーワード virtual や override を付けなくてもコンパイルして実行できます。

　次の例は、派生した Dog クラスでメンバー関数 print() をオーバーライドしたプログラムの例です。

リスト 9.9 ● override.cpp

```
// override.cpp
#include <iostream>
#include <string>

class Animal
{
protected:
```

```cpp
    std::string name;    // 名前
    int age;             // 年齢

public:
  Animal(std::string name, int age)
  {
    this->name = name;
    this->age = age;
  }

  virtual void print() {
    std::cout << "名前=" << name
      << "  年齢=" << age << std::endl;
  };
};

class Dog : public Animal
{
  // nameやage、print()はAnimalクラスで定義されているものを継承
public:
  Dog(std::string name, int age) : Animal(name, age){};

  void bark() {
    std::cout << "ワン！ワン！" << std::endl;
  };

  // オーバーライド
  void print() override {
    std::cout << "犬だよ。名前は" << name
      << "  年齢は" << age << "歳だよ。" << std::endl;
  };
};

class Cat : public Animal
{
  // nameやage、print()はAnimalクラスで定義されているものを継承
public:
  Cat(std::string name, int age) : Animal(name, age){};
```

```cpp
    void bark() {
      std::cout << "にゃー にゃー" << std::endl;
    };
};

int main(int argc, char* argv[])
{
  Dog* pochi = new Dog("ぽち", 5);

  pochi->print();
  pochi->bark();

  Cat* tama = new Cat("たま", 5);

  tama->print();
  tama->bark();

  delete pochi, tama;

  return 0;
}
```

このプログラムをコンパイルして実行する例を次に示します。

```
C:¥CCpp¥ch09>g++ -o override override.cpp

C:¥CCpp¥ch09>override
犬だよ。名前はぽち　年齢は5歳だよ。
ワン！ワン！
名前=たま　年齢=5
にゃー にゃー
```

Cat クラスは print() をオーバーライドしていないので、Animal クラスの print() の
コードが呼び出されます。

◆ クラスの中の列挙型 ··· ◆

C++ では、クラスの中でも列挙型を定義できます。

```
class DiscClass
{
public: // クラス外からアクセスできるようにする
  enum DiskType
  {
    TYPE_SSD = 0x12,
    TYPE_HD,
    TYPE_MO,
    TYPE_CDROM,
    TYPE_UNKNOWN = 99
  };
};
```

ほかのクラスで定義した列挙子にアクセスするには、型あるいは定数名（列挙子名）をクラス名で修飾します。

```
if (n == DiscClass::TYPE_SSD)
    ⋮
```

次の例は、DiscClass クラスの内部で列挙型 DiskType を定義して使用するプログラムの例です。

リスト 9.10 ● clsenum.cpp

```
// clsenum.cpp
#include <stdlib.h>   // atoi()を使っているため
#include <iostream>

class DiscClass
{
public: // クラス外からアクセスできるようにする
  enum DiskType
```

```
  {
    TYPE_SSD = 0x12,
    TYPE_HD,
    TYPE_MO,
    TYPE_CDROM,
    TYPE_UNKNOWN = 99
  };
};

DiscClass::DiskType dt; // C++ ではタグだけで宣言可能

int main(int argc, char* argv[])
{
  if (argc < 2)
  {
    fprintf(stderr, "引数を指定してください。");
    return -1;
  }

  if (atoi(argv[1]) == DiscClass::TYPE_SSD)
    std::cout << "TYPE_SSD" << std::endl;
  else
    std::cout << "SSD以外" << std::endl;

  return 0;
}
```

9.4 オーバーロード【C++】

オーバーロード（overload）は、関数や演算子などを同じ名前で複数定義（**多重定義**）できることを指します。言葉はオーバーライドに似ていますが、ベースクラスの既存の関数を上書きするオーバーライドとは異なります。

◆ 関数のオーバーロード

関数を多重定義するには、関数名を同じ名前にして、戻り値や引数の型や数を変えます。

たとえば、char を 16 進数で出力する関数 Print() を定義したとします。

```cpp
void  Print(char c)
{
  std::cout << std::hex << (int)c << std::endl;
}
```

次のように同じ名前で int を 16 進数で出力する関数を定義できます。

```cpp
void  Print(int n)
{
  std::cout << std::hex << n << std::endl;
}
```

次の例は、引数の型が異なる Print() を多重定義するプログラムの例です。

リスト 9.11 ● overload.cpp

```cpp
// overload.cpp
#include <iostream>
#include <iomanip>

// charを16進数で出力する
```

```cpp
void  Print(char c)
{
  std::cout << std::hex << (int)c << std::endl;
}

// intを16進数で出力する
void  Print(int n)
{
  std::cout << std::hex << n << std::endl;
}

// doubleを小数点以下2桁で出力する
void Print(double x)
{
  std::cout << std::fixed;
  std::cout << std::setprecision(2) << x << std::endl;
}

int main(int argc, char* argv[])
{
  char c = 'A';
  int n = 44;
  double x = 123.4567;

  Print(c);
  Print(n);
  Print(x);

  return 0;
}
```

実行結果は次のようになります。

```
C:¥CCpp¥ch09>overload
41
2c
123.46
```

◆ 演算子のオーバーロード ···◆

演算子もオーバーロードすることができます。

たとえば次のような変数を持つクラスがあるとします。

```
class Point {
public:
  int x;
  int y;
}
```

このクラスは 2 個の値を持つので、そのままでは加算できません。そこで、次のように + 演算子をオーバーロードします。

```
// +演算子のオーバーロード
Point operator +(Point r)
{
  Point tp;
  tp.x = this->x + r.x;
  tp.y = this->y + r.y;
  return tp;
}
```

これは、Point クラスのインスタンスの x と y に、それぞれ別のインスタンスの x と y を加算します。

これで演算子 + を使うことができるようになりました。

```
Point p1 = Point(5, 8);
Point p2 = Point(10, 12);

Point addp = p1 + p2;
```

次の例は演算子を定義して使うプログラムの例です。

リスト 9.12 ● opoverload.cpp

```cpp
// opoverload.cpp
#include <iostream>

class Point {
public:
  int x;
  int y;

  // コンストラクタ
  Point()
  {
    x = 0;
    y = 0;
  }
  Point(int xx, int yy)
  {
    x = xx;
    y = yy;
  }

  // +演算子のオーバーロード
  Point operator +(Point r)
  {
    Point tp;
    tp.x = this->x + r.x;
    tp.y = this->y + r.y;
    return tp;
  }

  void Print()
  {
    std::cout << "(" << this->x << "," << this->y << ")";
  }
};

int main(int argc, char* argv[])
{
```

```
    Point p1 = Point(5, 8);
    Point p2 = Point(10, 12);

    Point addp = p1 + p2;

    addp.Print();

    return 0;
}
```

実行結果は次のようになります。

```
C:¥CCpp¥ch09>opoverload
(15,20)
```

■ 練習問題 ■

9.1 幅と高さで形を表現する Rect（四角形）構造体を定義してデータを一組作成して
出力するプログラムを作ってください。

9.2 幅と高さで形を表現する Rect（四角形）クラスを定義して、データを一組作成し
て出力するプログラムを作ってください。

9.3 Animal クラスから派生した Horse（馬）クラスを作成して、その内容と鳴き声を
出力するプログラムを作成してください。

テンプレート【C++】

この章では C++ のテンプレートと STL（Standard Template Library、標準テンプレートライブラリ）について説明します。

10.1 テンプレートの概要

ここでは、テンプレートについて説明します。

◆ テンプレート

テンプレートは、さまざまな型の値を扱えるようにするための C++ の機能です。

C/C++ では、原則的に厳密に型を指定してプログラミングします。しかし、C++ では、任意の型を受け入れることができる関数やクラスを作成することもでき、そのような機能をテンプレートといいます。

◆ 関数テンプレート

関数テンプレート（Function Template）は、任意の型の引数と戻り値を扱うことができる関数を記述したものです。

関数テンプレートの最初はキーワード **template** で、そのあとに < と > で囲ったテンプレート引数を指定します。そして、そのあとに関数を定義します。

```
template <typename T>
T functionName(T parameter1, T parameter2, ...) {
  // code
}
```

T は実行時に実際の型（int、double、float、クラス名など）があてはめられます。

たとえば、任意の型の二つの引数の値を比較して大きいほうを返すテンプレート関数 maximum() は次のように定義します。

```
template <typename T>
T maximum(const T& lhs, const T& rhs)
{
```

```
    return lhs > rhs ? lhs : rhs;
}
```

このテンプレート関数を int の値を比較するために呼び出すときには次のようにします。

```
maximum<int>(n1, n2);
```

次の例はテンプレート関数 maximum() を定義して、2 種類のデータ型で使う例です。

リスト 10.1 ● maximum.cpp

```
// maximum.cpp
#include <iostream>

template <typename T>
T maximum(const T& lhs, const T& rhs)
{
  return lhs > rhs ? lhs : rhs;
}

int main()
{
  // int型の値の入力
  int n1, n2;
  std::cout << "2個の整数:";
  std::cin >> n1 >> n2;

  // int型の値の比較
  std::cout << n1 << "と" << n2 << "で大きいほうは:";
  std::cout << maximum<int>(n1, n2) << std::endl;

  // double型の値の入力
  double v1, v2;
  std::cout << "2個の実数:";
  std::cin >> v1 >> v2;
```

```
  // int型の値の比較
  std::cout << v1 << "と" << v2 << "で大きいほうは:";
  std::cout << maximum<double>(v1, v2) << std::endl;

  return 0;
}
```

このプログラムの実行例を次に示します。

```
C:¥CCpp¥ch10>maximum
2個の整数:23 56
23と56で大きいほうは:56
2個の実数:321.65 426.854
321.65と426.854で大きいほうは:426.854
```

次の例は、2 個の値を加算して返すテンプレート関数 add() を定義して使う例です。

リスト 10.2 ● addTfunc.cpp

```
// addTfunc.cpp
#include <iostream>

template <typename T>
T add(T num1, T num2) {
  return (num1 + num2);
}

int main()
{
  // int型の値の入力
  int n1, n2;
  std::cout << "2個の整数:";
  std::cin >> n1 >> n2;

  // int型の値の加算
  std::cout << n1 << "+" << n2 << "=" << add<int>(n1, n2);
  std::cout << std::endl;
```

```
    // double型の値の入力
    double v1, v2;
    std::cout << "2個の実数:";
    std::cin >> v1 >> v2;

    // int型の値の加算
    std::cout << v1 << "+" << v2 << "=" << add<double>(v1, v2);
    std::cout << std::endl;

    return 0;
}
```

このプログラムの実行例を次に示します。

```
C:¥CCpp¥ch10>addTfunc
2個の整数:56 23
56+23=79
2個の実数:12.34 23.45
12.34+23.45=35.79
```

◆ クラステンプレート

クラステンプレート（Class Template）は、任意の型のデータを扱うことができるクラスを記述したものです。

クラステンプレートの最初には「template <class T>」を記述し、そのあとに通常のクラス定義を記述します。ただし、クラスの中では具体的なデータ型は使わずにデータ型はTにします。

```
template <class T> class ClassName {
  // クラス定義
  // この中でデータ型はTを使う
};
```

　たとえば、任意の型の座標値 (x, y) を保存するクラスは次のように定義します。この定義には、座標値を表示するメンバー関数 Print() も記述しますが、これも型に依存しない形式で記述します。

```cpp
template <class T> class Point {
  T x;
  T y;
public:
  Point(T x, T y)
  {
    this->x = x;
    this->y = y;
  };
  std::string Print()
  {
    return std::to_string(x) + ", " + std::to_string(y);
  };
};
```

　次のプログラムは、テンプレートクラス Point を定義して使うプログラムの例です。

リスト 10.3 ● TemplClass.cpp

```cpp
// TemplClass.cpp
#include <iostream>
#include <string>

template <class T> class Point {
  T x;
  T y;
public:
  Point(T x, T y)
  {
    this->x = x;
    this->y = y;
  };
  std::string Print()
```

```
  {
    return std::to_string(x) + ", " + std::to_string(y);
  };
};

int main()
{
  // int型の座標値
  Point<int> ip = Point<int>(52, 30);
  std::cout << ip.Print() << std::endl;

  // double型の座標値
  Point<double> vp = Point<double>(12.3, 34.5);
  std::cout << vp.Print() << std::endl;

  return 0;
}
```

このプログラムをコンパイルして実行する例を次に示します。

```
C:\CCpp\ch10>g++ -o TemplClass TemplClass.cpp

C:\CCpp\ch10>TemplClass
52, 30
12.300000, 34.500000
```

10.2 STL

STL（Standard Template Library、標準テンプレートライブラリ）は、さまざまなオブジェクトを保存する**コンテナ**と、それにアクセスするときに使う**イテレーター**（反復子、iterator）、コンテナの内容を操作するための**アルゴリズム**からなります。

◆ コンテナ ··◆

STL コンテナは、オブジェクトを保存するために使います。たとえば、プログラムの中で名前のリストを使いたいとします。STL を使って次のようにすると、string クラスのリストを簡単に作ることができます（実行できる例は後にあります）。

```
#include <string>
#include <list>

std::list< std::string> namelist;
```

そして、たとえば、list のメンバー関数 push_back() を使って次のようにすれば、任意の長さの名前をリスト namelist に保存できます。

```
std::string name; // 名前が入っている変数
namelist.push_back(name);
```

STL のコンテナを次の表に示します。

表10.1●STLのコンテナ

種類	名前	概要
シーケンスコンテナ	deque	両頭の待ち行列
	list	一連の値を保存するリスト（双方向のコンテナで、先頭にも要素を挿入可能）
	vector	一連の値を保存する一種の配列（任意の要素にアクセス可能）
連想コンテナ	map	キーと値のペアを保存するコンテナ（要素はソートされ、キーは重複不可）
	multimap	キーと値のペアを保存するコンテナ（要素はソートされ、キーは重複可能）
	set	値をキーとするコンテナ（キーとして使われる値は重複不可）
	multiset	値をキーとするコンテナ（キーとして使われる値は重複可能）

種類	名前	概要
アダプタ	stack	先入れあと出しのスタック
	queue	先入れ先出し(FIFO)の待ち行列(キュー)
	priority_queue	優先順位付きのキュー

STL コンテナの中の要素は、STL のメンバー関数で操作することができます。

STL コンテナの主なメンバー関数を次の表に示します。

表10.2●STLコンテナの主なメンバー関数

メンバー関数	機能	実装しているコンテナクラス
empty()	コンテナが空ならtrueを返す。	すべてのクラス
size()	コンテナに保存されている要素数を返す。	
max_size()	コンテナに保存できる要素数の上限を返す。	
swap()	同じ型の他のコンテナと内容を交換する。	
begin()	先頭の要素を指すイテレーター(反復子)を返す。	vector、list、deque、set、multiset、map、multimap
end()	最後の要素の次を指すイテレーター(反復子)を返す。	
rbegin()	末尾の要素を指す逆イテレーター(反復子)を返す。	
rend()	先頭の要素の前を指す逆イテレーター(反復子)を返す。	
insert()	コンテナに要素を挿入する。	
erase()	指定したイテレーターが指す要素をコンテナから削除する。	
clear()	コンテナからすべての要素を削除する。erase(begin(), end())と同じ。	
front()	先頭要素の参照を返す。	vector、list、deque
back()	末尾の要素の参照を返す。	
push_back()	コンテナの末尾に要素を追加する。	
pop_back()	コンテナから末尾の要素を削除する。	
push_front()	コンテナの先頭に要素を追加する。	list、deque
pop_front()	コンテナから先頭の要素を削除する。	

メンバー関数	機能	実装しているコンテナクラス
key_comp()	キーの比較用関数オブジェクトを返す。	set、multiset、map、multimap
value_comp()	比較用関数オブジェクトを返す。	
find()	キーに基づいて要素を探索する。	
lower_bound()	探索できる最初の位置を探す。	
upper_bound()	探索できる最後の位置を探す。	
count()	キーと一致する要素の数を返す。	
push()	要素を追加する。	stack、queue、priority_queue
pop()	要素を取り出してコンテナから削除する。	

◆ イテレーター

　イテレーター（反復子、iterator）は、コンテナのそれぞれの要素にアクセスするときに使うものです。イテレーター（反復子）という名前が付いているのは、通常、コンテナの各要素に順にアクセスするために反復して（繰り返して）使われるからです。

　たとえば、名前のリスト namelist の各要素（すなわち個々の名前）を表示したいときには、次のようにします。

```
list<string>::iterator it = namelist.begin();
for (; it != namelist.end(); it++)
{
  cout << *it << endl;
}
```

　イテレーターは C/C++ のポインタに似ています。実際、イテレーターはある時点でコンテナの中のいずれかの要素を指しているものですし、アスタリスク（*）を付けて実際の値にアクセスする（上の例では *it）ところも、ポインタそっくりです。

◆ アルゴリズム ⋯⋯⋯⋯⋯⋯⋯⋯⋯⋯⋯⋯⋯⋯⋯⋯⋯⋯⋯⋯⋯⋯⋯⋯⋯ ◆

STL の**アルゴリズム**は、コンテナの内容を操作するための関数群です。

たとえば、namelist というリストに特定の名前 searchname が含まれているかどうか調べたいときには、find() を使って次のようにします。

```
s = find(namelist.begin(), namelist.end(), searchname);
```

これは、namelist の先頭（namelist.begin()）から最後（namelist.end() の直前にある要素）まで、searchname と一致する名前を探して返します（begin() は最初の要素を指しますが、end() は最後の要素の後ろの位置を指すということに注意してください）。

結果として返されるのはイテレーター（反復子）ですから、一致していれば探した要素に *s でアクセスでき、s が namelist.end() であったら、最後まで探したものの一致するものがなかったことを示します。

そこで、次のようにすると、リストの中から任意の名前を探してその結果を表示できます。

```
cout << "探す名前は? >";
cin.getline(buff, BUFF_LEN);
list<string>::iterator s;
s = find(namelist.begin(), namelist.end(), string(buff));
if (s != namelist.end())
  cout << *s << "は登録済みです。" << endl;
else
  cout << buff << "は登録されていません。" << endl;
```

STL には豊富なアルゴリズムが用意されています。主なアルゴリズムを次の表に示します。

表10.3●STLの主なアルゴリズム

関数	機能
accumulate()	指定した範囲のすべての要素の値を累算した結果を計算する。
binary_search()	コンテナの要素に対してバイナリ検索を行う。
copy()、copy_backward()	指定した範囲の要素をコピーする。
count_if()	特定の条件を満たす要素数を返す。
equal()	二つの範囲を比較する。
equal_range()	コンテナの順序を変えずに要素を挿入できる最大範囲の位置を返す。
fill()、fill_n()	コンテナを特定の値で初期化(再初期化)する。
find()、adjacent_find()	要素を検索する。
find_first_of()、find_end()	コンテナの中の、サブシーケンスの最初/最後の要素を検索する。
find_if()	特定の条件を満足させる最初の要素を検索する。
for_each()	コレクションの要素に関数を適用する。
generate()、generate_n()	ジェネレーターで生成した値でコンテナを初期化(再初期化)する。
includes()	二つのソートされたコンテナを比較して、一方の範囲のすべての要素が、もう一つの範囲に含まれている場合にtrueを返す。
inplace_merge()	コンテナをマージする。
iter_swap()	二つのイテレーター(反復子)が指し示す値を交換する。
lexicographical_compare()	二つの範囲を辞書順で比較する。
lower_bound()	コンテナの値が入る下限を示すイテレーター(反復子)を返す。
upper_bound()	コンテナの値が入る上限を示すイテレーター(反復子)を返す。
make_heap()	ヒープを作成する。
max()、min()	二つの値の最大値/最小値を返す。
max_element()	コンテナの中の最大の要素を示すイテレーター(反復子)を返す。

関数	機能
min_element()	コンテナの中の最小の要素を示すイテレーター（反復子）を返す。
merge()	二つのソートされたコンテナをマージして、別のコンテナに入れる。
mismatch()	二つのコンテナの一致しない最初の要素を返す。
next_permutation()	順序付け関数に従って連続した順列を生成する。
nth_element()	比較演算子を使ってコレクションを再配置する。
partial_sort()	指定した範囲の値をソートする。
partial_sort_copy()	指定した範囲の値をソートして、結果を別のコンテナにコピーする。
partition()	条件を満足させる要素を、条件を満足しない要素より前に配置する。
pop_heap()	ヒープから値を取り出す。
prev_permutation()	順序付け関数に従って連続した順列を生成する。
push_heap()	ヒープに値を保存する。
random_shuffle()	要素の順番をランダムに変更する。
remove()、remove_copy()、remove_copy_if()、remove_if()	要素を削除する。コンテナから要素を実際に削除したい場合はerase()を使う。
replace()、replace_copy()、replace_copy_if()、replace_if()	要素を別の値で置き換える。名前にcopyが含まれている関数は、結果を別のコンテナにコピーする。
reverse()	要素の順序を反転させる。
reverse_copy()	要素の順序を反転させて、結果を別のコンテナにコピーする。
rotate()	指定した範囲の値を残りの範囲の値と交換する。
rotate_copy()	指定した範囲の値を残りの範囲の値と交換して、結果を別のコンテナにコピーする。
search()、search_n()	指定した範囲で値が一致する範囲を検索する。
set_difference()、set_symmetric_difference()	要素を操作して、ソートされた差集合を作成する。
set_intersection()	要素を操作して、ソートされた交差集合を作成する。
set_union()	要素を操作して、ソートされた和集合を作成する。
sort()、stable_sort()	要素をソートする。

関数	機能
sort_heap()	ヒープをソートされたコレクションに変換する。
stable_partition()	条件を満足する要素をすべて満足しない要素より前に配置する。
swap()、swap_ranges()	コンテナ全体または指定した範囲の値を交換する。
transform()	指定した範囲の値に演算を適用する。
unique()	重複している要素を削除する。
unique_copy()	重複している要素を削除し、結果を別のコンテナにコピーする。

　以下の例は、STL のコンテナ、イテレーター（反復子）、アルゴリズムを使ったプログラムの例です。

　次の例では、for_each を使って vector の各要素に対して print() を適用して要素を追加し、すべての要素を出力します。

リスト 10.4 ● foreach.cpp

```cpp
// foreach.cpp
#include <iostream>
#include <vector>
#include <algorithm>

using namespace std;

void print(const int p){
  cout << p << endl;
}

int main(int argc, char *argv[])
{
  vector<int> v;

  // コンテナに値をプッシュする
  for(int i = 0 ; i < 4; ++i){
    v.push_back(i*2);
  }
```

```
  // コンテナの要素に対して関数を適用する
  for_each(v.begin(), v.end(), print);

  return 0;
}
```

このプログラムをコンパイルし、実行する例を次に示します。

```
C:¥CCpp¥ch10>g++ -o foreach foreach.cpp

C:¥CCpp¥ch10>foreach
0
2
4
6
```

次のプログラムは、文字列を保存する list を作成して、そこにデータを登録してから表示し、さらにアルゴリズム find() を使ってデータを検索します。

リスト 10.5 ● STLsmpl.cpp

```
// STLsmpl.cpp
#include <iostream>
#include <string>
#include <list>
#include <algorithm>

int main()
{
  // STLのリストを作成する
  std::list<std::string> namelist;

  // 名前をリストに保存する
  namelist.push_back("Pochi");
  namelist.push_back("Kenta");
  namelist.push_back("Sakura");
```

```
// イテレーター（反復子）を使ってすべてのデータを出力する
std::list< std::string>::iterator it = namelist.begin();
for (; it != namelist.end(); it++)
{
  std::cout << *it << std::endl;
}

// コンテナ内を検索する
std::cout << "探す名前は? >";
std::string name;
std::cin >> name;
std::list<std::string>::iterator s;
s = find(namelist.begin(), namelist.end(), name);
if (s != namelist.end())
  std::cout << *s << "は登録済みです。" << std::endl;
else
  std::cout << name << "は登録されていません。" << std::endl;

  return 0;
}
```

このプログラムをコンパイルし、条件を変えて2回実行する例を次に示します。

```
C:\CCpp\ch10>g++ -o STLSmpl STLsmpl.cpp

C:\CCpp\ch10>STLSmpl
Pochi
Kenta
Sakura
探す名前は? >Kenta
Kentaは登録済みです。

C:\CCpp\ch10>STLSmpl
Pochi
Kenta
Sakura
```

探す名前は? >**mari**
mariは登録されていません。

　次の例は、deque という双頭キューの先頭に push_front() を使って要素を挿入し、push_back() を使って最後にも要素を追加するプログラムの例です。

リスト 10.6 ● push_data.cpp

```
// push_data.cpp
#include <deque>
#include <iostream>
#include <iterator>

using namespace std;

int main(void)
{
  deque<int> v;

  // 最初にコンテナに入れておくデータ
  v.push_back(2);

  // コンテナの内容を出力する
  ostream_iterator<int,char> out(cout, ",");
  copy(v.begin(), v.end(), out);
  cout << endl;

  // コンテナの要素の前に挿入する
  v.push_front(4);
  v.push_front(6);

  // 結果を出力する
  copy(v.begin(), v.end(), out);
  cout << endl;

  // コンテナの要素の最後に追加する
  v.push_back(3);
  v.push_back(7);
```

```
  //  結果を出力する
  copy(v.begin(), v.end(), out);
  cout << endl;

  return 0;
}
```

このプログラムをコンパイルして実行する例を次に示します。

```
C:¥CCpp¥ch10>g++ -o push_data push_data.cpp

C:¥CCpp¥ch10>push_data
2,
6,4,2,
6,4,2,3,7,
```

　次の例は、要素を保存した vector コンテナの要素を、アルゴリズム sort() を使って
小さい順に並べ替えるプログラムの例です。

リスト 10.7 ● sortvect.cpp

```
// sortvect.cpp
#include <algorithm>
#include <vector>
#include <iostream>
#include <iterator>

using namespace std;

int main(void)
{
  typedef vector<int>::iterator iterator;

  int d[] = { 11, 8, 6, 4, 7, 2 };
  vector<int> v(d, d + 5);
```

```
    // コンテナの内容を出力する
    ostream_iterator<int, char> out(cout, ",");
    cout << "before:" << endl;
    copy(v.begin(), v.end(), out);
    cout << endl;

    sort(v.begin(), v.end(), less_equal<int>());
    // 次のようにしても同じ
    // sort(v.begin(), v.end());

    // 結果を出力する
    cout << "after:" << endl;
    copy(v.begin(), v.end(), out);
    cout << endl;

    return 0;
}
```

このプログラムをコンパイルし、実行する例を次に示します。

```
C:¥CCpp¥ch10>g++ -o sortvect sortvect.cpp

C:¥CCpp¥ch10>sortvect
before:
11,8,6,4,7,
after:
4,6,7,8,11,
```

■ 練習問題 ■

10.1 数値の 3 倍の値を返すテンプレート関数とそれを使う例を示すプログラムを作成してください。

10.2 幅と高さからなるクラステンプレート Rect を作成し、整数と実数の四角形の面積を出力するプログラムを作成してください。

10.3 整数を保存する vector を作成して、そこにデータを登録してから表示し、さらにデータを検索するプログラムを作成してください。

第11章

名前空間と
ファイル構成

この章では、名前空間とプロジェクトを複数のファイル
から構成する方法について説明します。

11.1 名前空間【C++】

　名前空間は、C++ でクラスや関数、変数、定数を、名前を付けた領域でわけて識別するために使います。名前空間を使うことで、同じ名前を別の空間にあるものとして重複して使うことができます。

◆ 名前空間の利用

　これまでも多くのプログラムで名前空間を使ってきました。例えば次のようなコードで名前空間 std を使ってきました。

リスト 11.1 ● stdnamespc.cpp

```
// stdnamespc.cpp
#include <iostream>

int main()
{
  std::cout << "こんにちは" << std::endl;

  int n;
  std::cin >> n;

  std::cout << n << "の3倍=" << n * 3 << std::endl;

  return 0;
}
```

　「std::cout」は std という名前空間にある cout を意味し、「std::endl」は名前空間 std にある endl を意味しました。

　このようにして、これらの名前が std という名前空間のものであることを明示しているので、同じ cout や endl という名前をほかの名前空間の異なる目的のために使うことができます。

　また、プログラミングを進める際に、cout や endl という名前がどこで（どの名前空間で）定義されているのかを認識するために役立ちます。

◆ using namespace ·· ◆

　std という名前空間にある cout を使うことを表すためにいちいち「std::cout」のように std:: を付けるのは煩雑になりがちです。

　そこで、名前空間を使う前に using namespace で以降使用する名前空間を宣言することができます。

　たとえば、名前空間 std を使うということを明示するには次のようにします。

```
using namespace std;
```

　こうすると、これ以降のコードでは std:: を省略しても名前空間 std のものとして認識されます。

　これを使って前のプログラムを書き換えると次のようになります。

リスト 11.2 ● usingnamespc.cpp

```cpp
// usingnamespc.cpp
#include <iostream>
using namespace std;

int main()
{
  cout << "こんにちは" << endl;

  int n;
  cin >> n;

  cout << n << "の3倍=" << n * 3 << endl;

  return 0;
}
```

　これはとても便利であるかのように感じるかもしれません。実際、小さなプログラム
や少数の名前空間しか使わない場合にはとても有用です。
　しかし、同じ名前を使っている可能性がある異なる名前空間で using namespace を使
うと、名前の衝突が起きてエラーになる可能性があります。また、その名前がどのよう
な性質のものであるかを明示的に表すためにも、個々の名前に「std:cout」のように名
前空間で修飾することは意味があります。

◆ using ディレクティブ

　using ディレクティブを次のように使うと、名前空間で修飾した特定の名前を修飾な
しで使えるようになります。
　たとえば、次のように「using std::cin;」を記述すると、以降のコードで std::cin
としないで cin だけで使えるようになります。

```
using std::cin;

    ⋮

int n;
cin >> n;
```

　ただし、この場合は、std::cin だけが自動的に認識されるだけで、たとえば cout は
std::cout にしなければなりません。
　次のように「using std::cin;」と「using std::cout;」を記述すると、以降のコード
で cin と cout だけで std::cin と std::cout を使えるようになります。

```
using std::cin;
using std::cout;

int n;
cin >> n;

cout << "n=" << n << std:endl;   // endlはstd::の修飾が必要
```

次の例は、std::cin と std::cout だけを using ディレクティブを使って名前空間の修飾なしで使えるようにしたプログラムですが、endl は using ディレクティブで指定していないので std::endl にしなければなりません。

リスト 11.3 ● usingname.cpp

```cpp
// usingname.cpp
#include <iostream>

using std::cin;
using std::cout;

int main()
{
  cout << "こんにちは" << std::endl;

  int n;
  cin >> n;

  cout << n << "の3倍=" << n * 3 << std::endl;

  return 0;
}
```

◆ 名前空間の作成と利用

プログラマーは、独自の名前空間を作成して使うことができます。

名前空間を作成するには、キーワード **namespace** を使って次の書式で名前空間を指定します。

```
namespace name {
  // 名前空間nameに定義するもの
}
```

name は作成する名前空間名です。

　たとえば、次の例は puppy という名前空間に Dog クラスを作成する例です。このクラスには「キャンキャン」と吠えるメンバー関数 bark() があります。

```
namespace puppy {
  class Dog {
  public:
    Dog() {};

    void bark() {
      cout << "キャンキャン" << endl;
    }
  };
}
```

　名前空間の名前さえ変えれば、同じ名前のクラスや関数、変数を作ることができます。たとえば、次の例は adult という名前空間に Dog クラスを作成する例です。このクラスには「ワン！ワン！」と吠えるメンバー関数 bark() があります。

```
namespace adult {
  class Dog {
  public:
    Dog() {};

    void bark() {
      cout << "ワン！ワン！" << endl;
    }
  };
}
```

　このようなクラスを作ったら、名前空間で修飾して、それぞれのクラスを別のものとして利用することができます。

```
puppy::Dog pap = puppy::Dog();
pap.bark();     // 「キャンキャン」と吠える
```

```
adult::Dog adl = adult::Dog();
adl.bark();    // 「ワン！ワン！」と吠える
```

次の例は上記のコードをまとめて実行できるようにしたプログラムの例です。

リスト 11.4 ● defnamespc.cpp

```
// defnamespc.cpp
#include <iostream>
using namespace std;

namespace puppy {
  class Dog {
  public:
    Dog() {};

    void bark() {
      cout << "キャンキャン" << endl;
    }
  };
}

namespace adult {
  class Dog {
  public:
    Dog() {};

    void bark() {
      cout << "ワン！ワン！" << endl;
    }
  };
}

int main()
{
  puppy::Dog pap = puppy::Dog();
  pap.bark();
```

```
  adult::Dog adl = adult::Dog();
  adl.bark();

  return 0;
}
```

11.2　ヘッダーファイル

ここでは、C/C++ のプログラムに取り込むヘッダーファイルについて説明します。

◆ コンパイラが提供するヘッダーファイル ···························· ◆

通常、C/C++ のコンパイラには、一般的に使われる関数や定数、クラスなどが定義されたライブラリが付属していて、それらのライブラリの内容に関する宣言がヘッダーファイルと呼ばれるファイルに記述されています。

たとえば、C 言語では入出力を伴うプログラムの最初のほうに次の行を記述しました。

```
#include <stdio.h>
```

これは stdio.h というファイルをインクルードする（取り込む、組み込む）ためのディレクティブ（指示）です。

stdio.h には、EOF のような定数や printf() や scanf() などの入出力に関する関数などの宣言が含まれています。このような、さまざまな宣言や定義が記述されているものが、ヘッダーファイルです。

C/C++ では事前に宣言されていない名前は使えないので、さまざまな宣言をプログラムの先頭のほうに置く必要がありますが、それをヘッダーファイルに分けて書くことができます。そして、入出力を伴うプログラムであれば、プログラムの最初のほうにこの

ような入出力に関連するヘッダーファイルをインクルードするディレクティブを記述する必要があります。

　ヘッダーファイルを記述するもう一つの理由は、11.3 節「複数のソースモジュール」で説明するように、プログラムコードを複数のファイルに分割する場合、他のファイルの宣言を利用できるようにするために宣言をヘッダーファイルにまとめて、インクルードする必要があります（具体例は後述）。

◆ ヘッダーファイルのインクルード

　これまでもヘッダーファイルをインクルードするために、#include ディレクティブを使ってきました。

```
#include <stdio.h>

#include <iostream>
```

　インクルードするファイル名を < と > で囲っているのは、コンパイラのファイル検索パスの場所にこのファイルがあることを示しています。

　プログラムファイル（.c や .cpp）とヘッダーファイル（.h）を同じ場所に保存する場合は次のようにファイル名をクォーテーションマーク（"）で囲みます。

```
#include "myheader.h"
```

　あるいは、現在のディレクトリからの相対パスを指定することもできます。

```
#include "mylib¥inc¥myheader.h"
```

　インクルードするヘッダーファイルの中で他のヘッダーファイルをインクルードしている場合、たとえば、プログラムソースファイルの中で stdio.h と abc.h をインクルードしていて、abc.h の中でも stdio.h をインクルードしているような場合は、stdio.h が

2 回インクルードされることになり、2 回目のインクルードは無駄といえます。

　また、二つのヘッダーファイルが互いにインクルードしあう形になっている場合、た
とえば、abc.h の中で xyz.h をインクルードしていて、xyz.h の中で abc.h をインクルー
ドしているような場合は、インクルードが繰り返されてコンパイルできないことがあり
ます。

　このような状況は、ヘッダーファイルの中で定義されているシンボルがすでに定義さ
れていたら、#ifndef ディレクティブを使ってそのファイルをインクルードしないよう
にすることで避けることができます。たとえば、stdio.h の中でシンボル _INC_STDIO が
定義されていない場合だけ #include ディレクティブを実行してインクルードしたい場合
は、次のようにします。

```
#ifndef _INC_STDIO
#include <stdio.h>
#endif
```

　この例の場合、stdio.h ファイルが 1 回でもインクルードされてプリコンパイルされ
ると _INC_STDIO が定義されるので、2 回目は #ifndef _INC_STDIO から #endif までが
無視され、stdio.h が再びインクルードされることはありません。

Note これは説明のための一つの例です。どの処理系の stdio.h ファイルの中でも _INC_STDIO が定
義されているわけではありません。

◆ ヘッダーファイルの例 ◆

　ここでは、一つの C 言語のファイル（.c）として作成したものを、ヘッダーファイル
（.h）と C 言語のプログラムファイル（.c）に分割する例を示します。

　次のようなプログラムを一つのファイルとして作成したとします。

リスト 11.5 ● onepi.c

```
/*
 * onepi.c
```

```
 */
#include <stdio.h>
#include <string.h>

#ifndef BUFF_SIZE
#define BUFF_SIZE 512
#endif
#define NAME_LEN BUFF_SIZE

// Member構造体の定義
typedef struct MEMBER
{
  char name[NAME_LEN];  // 名前
  int age;  // 年齢
} Member;

int main(int argc, char* argv[])
{
  Member m1;
  char buffer[BUFF_SIZE];

  printf("名前:");
  scanf("%s", buffer);
  strcpy(m1.name, buffer);
  printf("年齢:");
  scanf("%d", &(m1.age));

  printf("%s(%d)¥n", m1.name, m1.age);

  return 0;
}
```

このプログラムをコンパイルして実行する例を次に示します。

```
C:¥CCpp¥ch11¥header>gcc -o onepi onepi.c

C:¥CCpp¥ch11¥header>onepi
```

```
名前:Kenta
年齢:21
Kenta(21)
```

　これを次のような定数や構造体を定義したヘッダーファイル member.h と、実行される
コードを記述したプログラムファイル main.c に分割することができます。

リスト 11.6 ● member.h

```
/*
 * member.h
 */
#include <stdio.h>
#include <string.h>

#ifndef BUFF_SIZE
#define BUFF_SIZE 512
#endif

// Member構造体の定義
typedef struct MEMBER
{
  char name[NAME_LEN];  // 名前
  int age;  // 年齢
} Member;
```

　プログラムファイル main.c は次のようにします。

リスト 11.7 ● main.c

```
/*
 * main.c
 */
#include <stdio.h>
#include <string.h>
#include "member.h"

#ifdef _MSC_VER
```

```
#pragma warning(disable : 4996)
#pragma warning(disable : 6031)
#endif

int main(int argc, char* argv[])
{
  Member m1;
  char buffer[BUFF_SIZE];

  printf("名前:");
  scanf("%s", buffer);
  strcpy(m1.name, buffer);
  printf("年齢:");
  scanf("%d", &(m1.age));

  printf("%s(%d)\n", m1.name, m1.age);

  return 0;
}
```

　この場合、ヘッダーファイルとプログラムファイルを同じディレクトリに保存することを前提として、member.hのインクルード文を「#include <member.h>」ではなく「#include "member.h"」にしています。

　このファイルをコンパイルして実行する例を次に示します。

```
C:\CCpp\ch11\header>gcc -o sample main.c

C:\CCpp\ch11\header>sample
名前:Jerry
年齢:22
Jerry(22)
```

11.3　複数のソースモジュール

プログラムの規模が大きい時には、ソースファイルを複数に分割します。

◆ 複数のプログラムファイル ◆

大きなプログラムや、再利用したいコードを分離したいときには、プログラムファイル（.c や .cpp）を分割します。

たとえば、四角形の幅と高さを入力すると、面積を計算する関数 getArea() を呼び出して面積を出力する次のようなプログラムを作成したとします。

リスト 11.8 ● rectarea.c

```
/*
 * rectarea.c
 */
#include <stdio.h>

// getArea()の定義
int getArea (int w, int h)
{
  return w * h;
}

int main(int argc, char* argv[])
{
  int w, h;

  printf("幅:");
  scanf("%d", &w);
  printf("高さ:");
  scanf("%d", &h);

  printf("幅%d高さ%dの面積は%d¥n", w, h, getArea(w,h));
```

```
        return 0;
    }
```

このプログラムをコンパイルして実行する例を次に示します。

```
C:¥CCpp¥ch11¥rectarea>gcc -o rectarea rectarea.c

C:¥CCpp¥ch11¥rectarea>rectarea
幅:12
高さ:5
幅12高さ5の面積は60
```

上のプログラムの面積を計算する関数 getArea() を他のプログラムでも利用できるように、この関数の部分だけを分離します。

まず関数 getArea() を含むファイル getarea.c を作成します。

リスト 11.9 ● getarea.c

```
/*
 * getarea.c
 */
#include "getarea.h"

// getArea()の定義
int getArea (int w, int h)
{
  return w * h;
}
```

このファイルには、getArea() の宣言を記述する getarea.h をインクルードします。こうすることによって宣言と定義が違っているという間違いを防ぐことができます。

getarea.h は getArea() の宣言を記述しますが、一度だけインクルードするための仕掛けとして #ifndef ディレクティブを使います。

リスト 11.10 ● getarea.h

```
/*
 * getarea.h
 */
#ifndef GETAREA_H
#define GETAREA_H

// getArea()の宣言
int getArea (int w, int h);
#endif
```

　上の getarea.h の中で getArea() の型と名前、引数を宣言していますが、このような宣言をプロトタイプ宣言といいます。

　main() を含むコードは main.c に記述します。このファイルでは、入力された四角形の幅と高さを受け取り、getarea.c に定義した面積を計算する関数 getArea() を呼び出して、結果の面積を幅と高さの値とともに出力します。

リスト 11.11 ● main.c

```
/*
 * main.c
 */
#include <stdio.h>
#include "getarea.h"

int main(int argc, char* argv[])
{
  int w, h;

  printf("幅:");
  scanf("%d", &w);
  printf("高さ:");
  scanf("%d", &h);

  printf("幅%d高さ%dの面積は%d\n", w, h, getArea(w,h));
```

```
    return 0;
}
```

Note main() を含むコードを main.c に記述するのは C/C++ の慣例ですが、ほかの名前にしてもかまいません。

このプログラムをコンパイルして実行する例を次に示します。

```
C:¥CCpp¥ch11¥rectarea>gcc -o getarea main.c getarea.c

C:¥CCpp¥ch11¥rectarea>getarea
幅:15
高さ:6
幅15高さ6の面積は90
```

このとき、main.c と getarea.c とから、それぞれ別のオブジェクトファイル（リンクして実行可能ファイルにするための中間ファイル）が生成されます。このように、中間ファイルを生成する単位をモジュールと呼びます。

◆ extern

他のファイルのグローバル変数にアクセスする場合は、変数の宣言で **extern** を付けます。
たとえば、次のような main() があるファイルがあるとします。

リスト 11.12 ● main.c

```
/*
 * main.c
 */
#include <stdio.h>
#include "countup.h"
```

```
int Total = 0;   // グローバル変数

int main()
{
  countup();

  printf("Total=%d¥n", Total);

  return 0;
}
```

　このファイルではグローバル変数 Total を宣言してゼロで初期化しています。

　他のファイルでこの変数 Total を使いたい場合は、extern を付けて次のように宣言します。

リスト 11.13 ● countup.c

```
/*
 * countup.c
 */
#include "countup.h"

extern int Total;   // main.cのTotalを参照する

int countup()
{
  return Total++;
}
```

　このファイルの countup() はグローバル変数 Total をインクリメントします。

　この countup.c を使えるようにするために、次のヘッダーファイルも作成します。

リスト 11.14 ● countup.h

```
/*
 * countup.h
```

```
  */

// プロトタイプ宣言
int countup();
```

このプログラムをコンパイルして実行する例を次に示します。

```
C:¥CCpp¥ch11¥coutup>gcc -o countup main.c countup.c

C:¥CCpp¥ch11¥coutup>countup
Total=1
```

Note

グローバルな変数は、ほかに適切な方法がない場合に限って使うべきです。上の例は機能しますが良くない例です。

◆ ライブラリ

分離したファイルを共有したり、別のプロジェクトで使うために、独自のライブラリとしてまとめておくこともできます。

ソースコードをコンパイルしてライブラリにする方法と、ライブラリをインクルードする具体的な方法は、処理系によって異なります。また、通常、ある処理系で作成したライブラリを別の処理系でそのまま使うことはできません（ターゲット環境ごとにソースファイルをコンパイルし直してライブラリを作り直します）。

Note

第 11 章以降は練習問題はありません。

第12章

高度な話題

この章ではこれまでに取り上げなかったやや高度な話題についてその概要を紹介します。

12.1 C 言語と C++ の併用

ここでは、C 言語のソースコードと C++ のソースコードの併用について説明します。

◆ C++ と C 言語

C++ は C 言語を拡張して作られたという経緯があるため、C++ のソースコードで C 言語のソースコードを使っても問題なくコンパイルして実行することができます。

しかし、いつでも C++ と C 言語を混在させて利用できるわけではありません。

一部の機能は C/C++ で混用すると、問題が発生することがあります。たとえば、stdio.h で宣言されている C 言語の入出力関数と、iostream で宣言されている std::in や std::cout のようなオブジェクトと入出力マニピュレータを混用すると、期待した結果と異なる場合があります。

次の例はおそらくどの C++ コンパイラでもコンパイルできて実行できますが、出力の順序が期待したようになる保証はありません。

リスト 12.1 ● candcpp.cpp

```cpp
// candcpp.cpp
#include <stdio.h>
#include <iostream>
#include <string>

int main(int argc, char* argv[])
{
  std::string msg = "Hello, Dogs!";

  printf("Hello, C¥n");

  std::cout << "Hello C++" << std::endl;

  printf("C:%s¥n", msg.c_str());

  std::cout << "C++" << msg << std::endl;
```

```
    return 0;
}
```

　また、C++ の機能を C 言語のプログラムコードで利用することはできません。たとえ
ば、C++ の機能を使うオーバーロード関数を C 言語のプログラムコードから直接呼び出
すことはできません。

　さらに、C と C++ ではコンパイラの関数や変数の名前の扱い方が異なるという点に注
意する必要があります。

　C++ では、たとえば関数のオーバーロード（同じ名前で戻り値や引数が違う関数を複
数定義すること）が可能なので、コンパイルの際に変数や関数などの名前をコンパイラ
が変更して、モジュールをリンクするときに変更された名前でリンクします。一方、C
言語のソースファイルを C 言語としてコンパイルするときには原則として名前の変更は
行われません。そのため、C++ のソースファイルと C 言語のソースファイルにファイル
を分割してそれぞれをコンパイルしてリンクすると、名前が違うのでリンクできずに、
リンクエラーになる可能性があります。

◆ C 言語から C++ のモジュールの利用

　C 言語のソースファイルから C++ のソースファイルにあるものを呼び出すのは簡単で
はありません。

　まず第一に、C++ のコンパイル時の名前の変更の問題があります。これを実現するに
は、C 言語からアクセス可能な（C++ 固有の機能を使っていない）関数や変数を定義して、
宣言の前に extern "C" を付けます（プロトタイプ宣言にも付けます）。

```
extern "C" int imax(int x, int y)
```

　これで、C++ の中の関数 imax() は名前の変更が行われず、C 言語の関数としてリンク
できるようになります。

　C 言語のプログラムは、テンプレートや関数のオーバーライドなどの C++ の機能を使
ったものを、C 言語のソースファイルから直接呼び出すことはできません。そこで、C++

と C 言語の橋渡しになる関数を定義します。

　次の例は、最大値を返す C++ のテンプレート関数 maximum() を、C 言語から呼び出せるようにするために、int 型の関数 imax() と double 型の関数 dmax() を宣言する例です。

```cpp
// テンプレート関数
template <typename T>
T maximum(const T& lhs, const T& rhs)
{
  return lhs > rhs ? lhs : rhs;
}

// C言語プログラムとのリンクのための関数
extern "C" int imax(int x, int y)
{
  return maximum(x, y);
}

// C言語プログラムとのリンクのための関数
extern "C" double dmax(double x, double y)
{
  return maximum(x, y);
}
```

　これで、C 言語のプログラムは関数 imax() か dmax() を呼び出すことで C++ のテンプレート関数 maximum() の機能を利用できるようになります。

```c
// 整数で呼び出す
printf("%dと%dで大きいのは%d¥n", n, m, imax(n, m));
// 実数で呼び出す
printf("%fと%fで大きいのは%f¥n", v, w, dmax(v, w));
```

　これらのコードを、最小値と最大値の両方を求めることができるようにしたプログラムのソースコードを次に示します。

リスト 12.2 ● main.c

```c
/*
 * main.c
 */
#include <stdio.h>
#define SRC_C 1
#include "minmax.h"

int main()
{
  int n = 12;
  int m = 30;
  double v = 23.45;
  double w = 54.32;

  // 整数で呼び出す
  printf("%dと%dで大きいのは%d¥n", n, m, imax(n, m));
  // 実数で呼び出す
  printf("%fと%fで小さいのは%f¥n", v, w, dmin(v, w));
}
```

リスト 12.3 ● minmax.h

```c
// minmax.h
#ifndef SRC_C
extern "C" int imax(int x, int y);
extern "C" int imin(int x, int y);
extern "C" double dmax(double x, double y);
extern "C" double dmin(double x, double y);
#else
int imax(int x, int y);
int imin(int x, int y);
double dmax(double x, double y);
double dmin(double x, double y);
#endif
```

リスト 12.4 ● inmax.cpp

```cpp
// minmax.cpp
#include "minmax.h"

template <typename T>
T maximum(const T& lhs, const T& rhs)
{
  return lhs > rhs ? lhs : rhs;
}

template <typename T>
T minmum(const T& lhs, const T& rhs)
{
  return lhs < rhs ? lhs : rhs;
}

extern "C" int imax(int x, int y)
{
  return maximum(x, y);
}
extern "C" int imin(int x, int y)
{
  return minmum(x, y);
}

extern "C" double dmax(double x, double y)
{
  return maximum(x, y);
}

extern "C" double dmin(double x, double y)
{
  return minmum(x, y);
}
```

このプログラムを GCC でコンパイルするには次のようにします。

まず、C 言語のプログラム main.c を C 言語のプログラムとしてコンパイルします。こ

のとき狭義のコンパイルだけしてリンクせず、オブジェクトファイル（.o）を出力するようにするために、-c コンパイルオプションを付けます。

```
C:¥CCpp¥ch12¥minmax>gcc -c main.c
```

これでオブジェクトファイル main.o（環境によっては main.obj など他の名前）が生成されます。

次に C++ のプログラム minmax.cpp を C++ のプログラムとしてコンパイルします。このときにも狭義のコンパイルだけしてリンクせず、オブジェクトファイル（.o）を出力するようにするために、-c オプションを付けます。

```
C:¥CCpp¥ch12¥minmax>g++ -c minmax.cpp
```

これでオブジェクトファイル minmax.o が生成されます。

次に C 言語のコンパイラで main.o と minmax.o をリンクして実行可能ファイルを生成します。

```
C:¥CCpp¥ch12¥minmax>gcc -o minmax main.o minmax.o
```

実行数すると、次のように出力されます。

```
C:¥CCpp¥ch12¥minmax>minmax
12と30で大きいのは30
23.450000と54.320000で小さいのは23.450000
```

◆ C++ から C 言語のソースの利用

C++ のソースファイルから C 言語の関数を呼び出すのは容易です。単にすべてを C++ のソースであるとみなしてコンパイルすれば、名前の問題は解決します。

次の例のように C++ のプログラムから C 言語のソースファイルに含まれている C 言語

のソースを C++ のプログラムとしてコンパイルすると、問題なくコンパイルできます。

リスト 12.5 ● main.cpp

```
// main.cpp
#include <iostream>
#include "add.h"
using namespace std;

int main()
{
  int a = 12, b= 23;
  int x = add(a,b);
  cout << a << "+" << b << "=" << x << endl;
}
```

リスト 12.6 ● add.h

```
/*
 * add.h
 */
// プロトタイプ宣言
int add(int a, int b);
```

リスト 12.7 ● add.c

```
/*
 * add.c
 */
#include "add.h"

int add(int a, int b)
{
  return a + b;
}
```

　このプログラムをC++のコンパイラであるg++でコンパイルして実行する例を次に示します。

```
C:¥CCpp¥ch12¥addc>g++ -o add main.cpp add.c

C:¥CCpp¥ch12¥addc>add
12+23=35
```

　ただし、コンパイラによってはデフォルトではファイルの拡張子で判断して、C++のソースファイルはC++としてコンパイルし（名前を変更する）、C言語のソースファイルはC言語としてコンパイルする（名前を変更しない）ものがあります。そのために、リンクで失敗して「未解決の参照」というエラーになる場合があります。その場合はC言語のソースファイルもC++のソースファイルとしてコンパイルするように拡張子をC++の拡張子に変更するか、すべてのソースファイルをC++としてコンパイルするようにオプションを指定してください。

　コンパイラによってはC言語のソースファイルをコンパイルする際に名前をC++の名前に変更するための「extern "C++"」をサポートしている場合があります。

```
extern "C++" int cfunc(int a);
```

　この機能を使う場合は、C++のプログラムからアクセスするCの関数や変数などに「extern "C++"」を付けてコンパイルします。

12.2　例外処理

　例外とは、プログラムの実行中に発生する、プログラムの実行に重大な影響を与えるできごとのことです。

◆ 例外処理の基本 ....◆

　例外には、ハードウェア例外とソフトウェア例外があります。ハードウェア例外は、たとえば、0 で除算した場合や、数値演算の結果発生するオーバーフローなどがあります。ハードウェア例外は、多くの場合、プログラムを停止させます。ソフトウェア例外には、たとえば、メモリ不足のためにメモリを確保できないときなどに発生します。

　例外処理は、ハードウェア、OS、プログラミング言語がそれぞれサポートしています。そのため、例外処理の詳細は、プラットフォームおよび処理系によって異なります。

　原則的には、C++ の例外処理には、try、catch、finally、throw を使います。

　try、catch、finally は次の形式で例外を処理します。

```
try {
    stat_try
} catch (except-decl) {
    stat_catch
}
finally
{
    stat_fin
}
```

　stat_try は例外が発生する可能性がある文、*except-decl* は捕捉する例外の宣言（すべての例外を捕捉する場合は ...）、*stat_catch* は例外が発生したときに実行する文、*stat_fin* は例外が発生してもしなくても最終的に実行する文です。

　また、C 言語で try 〜 catch を使えるコンパイラもあります。ただし、同じプラット

フォーム上で同じ処理系を使っている場合でも、C 言語と C++ では例外処理が異なります。

> 例外処理は OS と処理系に依存するので、例外処理の詳細と例外が発生したときの挙動は OS と処理系によって異なります。ここで紹介した例外処理の情報は知識として知っておけばじゅうぶんです。自分のプログラムで例外処理のコードを書くのであれば、他のリソースも参照してください。

12.3 アセンブラと C/C++

C/C++ は低レベルな（ハードウェアに近い）作業も得意で、OS やデバイスドライバ、組み込み機器のハードウェア制御などに良く使われます。ここでは、C/C++ よりさらにハードウェアに近いアセンブラ（アセンブリ言語プログラム）と、アセンブラを C/C++ のソースに埋め込む方法を紹介します。

◆ アセンブラ

アセンブリ言語（または通称**アセンブラ**）プログラムは、プロセッサ（CPU）に直接命令を与えてその直接の結果を利用するプログラムです。そのため、アセンブリ言語プログラムを理解するためには、プロセッサのレジスタやメモリなどの、コンピュータを構成している要素についての知識が不可欠です（この章ではそうした詳細については触れません）。

> 厳密にはアセンブラ（Assembler）とは、ニモニックと呼ばれるもので既述したソースプログラムファイルを実行可能なマシンコードに変換するプログラムのことです。アセンブリ言語で書かれたプログラムのことは、正確にはアセンブリ言語プログラムと呼ぶ必要があります。

　最初に最も単純なアセンブリ言語プログラムを見てみましょう。次のリストは、文字を 1 文字表示するための、x86 と呼ばれるシステムのプログラムの例です。

　表示する文字は「1」という文字です。これは C 言語プログラムならば printf("1"); というプログラムコードに相当します（各行の ; 以降はその行のコメントです）。

リスト 12.8 ● dispchar.asm

```
; dispchar.asm
    mov    ah,02      ; 1文字出力を指定
    mov    dl,31h     ; 文字出力を指定
    int    21h        ; 文字列を出力する

    mov    ah,4Ch     ; プログラム終了を指定
    mov    al,0       ; 戻り値を指定
    int    21h        ; プログラムを終了する
```

Note　一般的に、アセンブリ言語プログラムの中では、命令は大文字／小文字が識別されません。

　mov や int のような命令を**オペコード**（opcode、operation code）といい、そのあとに記述したパラメーター（ah,02 など）を**オペランド**といいます。

◆ インラインアセンブラ

　ここでは C 言語や C++ 言語のような高級言語の中に埋め込むアセンブリ言語プログラムについて学びます。

　C/C++ のコンパイラの中には、C/C++ のソースプログラムの中にアセンブリ言語プログラムを記述する**インラインアセンブラ**をサポートするものがあります。

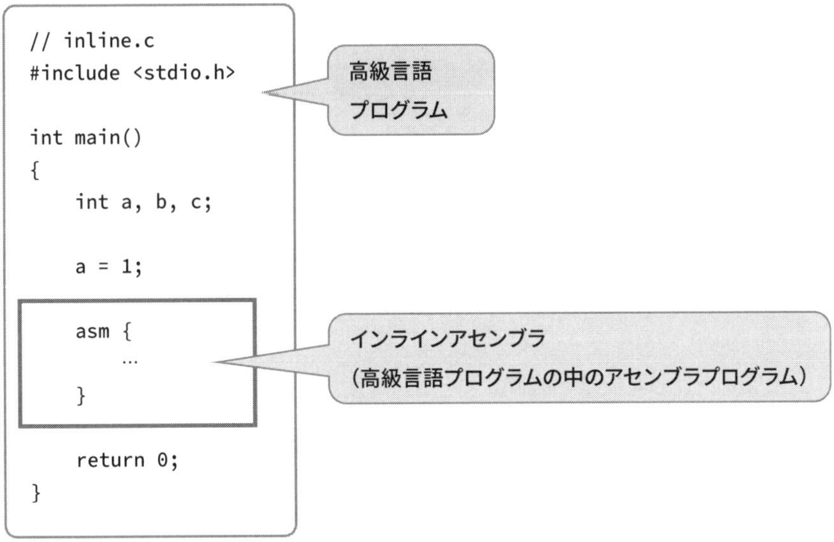

図12.1●インラインアセンブラ

　たとえば、gcc や Visual C/C++ などのコンパイラはどれも C/C++ 言語のソースコードの中に記述されたアセンブリ言語プログラムを C/C++ プログラムのコンパイルと同時にアセンブルすることができます。

　インラインアセンブラは、アセンブリ言語専用のアセンブラがサポートするマクロやディレクティブを完全にはサポートしていません。

　一般的にいって、インラインアセンブラの最も効果的な使い方は、パフォーマンスを要求される部分やハードウェアを直接制御する部分だけをアセンブラで記述するという方法です。ユーザーインタフェースや大量でないデータの一般的な操作のようなパフォーマンスを要求されない部分は高級言語でプログラミングし、グラフィックスの計算と描画、科学技術計算、大量のデータの圧縮や検査のような速度が重要な部分をインラインアセンブラで記述することが考えられます。

　インラインアセンブラの構文や使い方はコンパイラの種類によって異なります。その理由は、アセンブラはマシンのアーキテクチャに依存し、また、インラインアセンブラは特定の C/C++ コンパイラに組み込まれているからです。また、C/C++ からアセンブリ言語プログラムにアクセスする方法もコンパイラによって異なります。

　ここでは、Microsoft の C/C++ コンパイラと gcc の例を示します。

Note ここで示すプログラム例は、x86 のシステムで動作するように書かれています。他の環境では実行しないでください。また、アセンブリ言語プログラムは、適切に実行されないとシステムに悪影響を与える可能性があります。これらの点をあらかじめご了承ください。

◆ Microsoft の C/C++ のインラインアセンブラ

Microsoft の C/C++ コンパイラのインラインアセンブリ言語プログラムは、キーワード **__asm** を使って記述します。

```
__asm   (オペコード)　(第1オペランド),(第2オペランド)…
```

上の例のようにキーワード __asm（または _asm）を使うと、その行の残りの部分がアセンブリ言語の文とみなされます。

次のように __asm のあとに波括弧を使うと、その内側の各行がアセンブリ言語の文とみなされます。

```
__asm {
    (オペコード)　(第1オペランド),(第2オペランド)…
    (オペコード)　(第1オペランド),(第2オペランド)…
    (オペコード)　(第1オペランド),(第2オペランド)…
        ⋮
}
```

Microsoft の C/C++ コンパイラのインラインアセンブラの記述方法は、原則として Microsoft のアセンブラであった MASM の記述方法に従います。ただし、__asm ブロックでは、定義ディレクティブ DB、DW、DD、DQ、DT、DF と、演算子 DUP、THIS、ディレクティブ STRUCT、RECORD、WIDTH、MASK は使うことができません。DB ディレクティブの代わりに _emit を使って即値（イミディエイト）バイトを定義できますが、定義できるのは 1 バイトだけです。

　__asm ブロックでは、さらに、ラベル、変数名、関数名などのシンボル、C 言語の定数、マクロディレクティブとプリプロセッサディレクティブ、コメント（/* */ と //）、型名、typcdcf 名を使うことができます。

　x86 という種類の CPU をターゲットとした、Microsoft の C/C++ コンパイラのインラインアセンブラの最も単純なプログラムの例を次のリストに示します。これは文字 5（ASCII コードで 35h）を作成して出力するプログラムの例です。ここに示したように、C 言語とアセンブラとの間で変数を使って値をそのまま受け渡すことができます。

リスト 12.9 ● inlnasmvc.c

```
/*
 * inlnasmvc.c
 */

#include <stdio.h>

int main(int argc, char* argv[])
{
  int n, x;

  n = 5;

  __asm mov eax, n
  __asm add eax, 30h
  __asm mov x, eax

  printf("x=%c¥n", x);

  return 0;
}
```

Note　このプログラムと次のプログラムを Microsoft の C/C++ コンパイラ（Visual Studio を含む）でコンパイルする場合は、プラットフォームを x86 に設定して、/RTCs または /GZ コンパイルオプションを指定してください。

　次のプログラムは、関数の中にインラインアセンブラを記述した例です。関数 add は、最初の引数と第 2 の引数の値を加算して返します。

リスト 12.10 ● inlnasmvc2.c

```
/*
 * inlnasmvc2.c
 */
#include <stdio.h>

// 関数プロトタイプ宣言
int add(int v1, int v2);

int main(int argc, char* argv[])
{
  int a, b;
  a = 2;
  b = 3;

  printf("%d + %d = %d¥n", a, b, add(a, b));

  return 0;
}

int add(int v1, int v2)
{
  // インラインアセンブラ文
  __asm
  {
    mov eax, v1     ; 最初のパラメーター
    add eax, v2     ; 第2のパラメーター
  }
  // 結果はEAXに入れられて返される
}
```

　この例に示すように、最後に EAX レジスタに入れた値を関数の戻り値として返すことができます。

◆ gcc のインラインアセンブラ ·· ◆

gcc はインラインアセンブリコードをアセンブルすることができますが、Microsoft の C/C++ コンパイラとは違います。

gcc のインラインアセンブラの基本的な構文は次のとおりです。

```
asm ("命令 ソースオペランド, デスティネーションオペランド"…);
```

ほかの場合と違って、デスティネーションオペランドとソースオペランドの位置が逆であるので注意してください。

次の例は、EAX レジスタの内容を EDI に移動します。

```
asm (" movl %eax,%edi");
```

一つの asm 文の中に複数の命令を書くことができます。次の例は 3 個の命令を書いた例です。

```
asm (" movl %eax,%edi
      movl %edi,%edx
      xor  %edi,%edi
    ");
```

ただし、gcc のバージョンによっては、複数行リテラルは推奨されないという警告が表示されるでしょう。

次のようにすれば警告は出力されなくなります。

```
asm (" movl %eax,%edi");
asm (" movl %edi,%edx");
asm (" xor  %edi,%edi");
```

改行する代わりに、; で区切ってもかまいません。

```
asm (" movl %eax,%edi; movl %edi,%edx; xor  %edi,%edi");
```

Microsoft の C/C++ コンパイラと比べると、gcc のインラインアセンブラには次のような違いがあります。

- レジスタの名前は、前に % を付けて %eax や %ebp のように書きます。
- 参照は、[eax] ではなく (%eax) です。
- オフセットは () を使います。[eax+val] ではなく val(%eax) と記述します。
- リテラルの数値には、先頭に $ を付けます（たとえば、$12、$0x31 など）。
- ラベルは、C 言語の関数やラベルと衝突しない名前にする必要があります。

オペランドのサイズに応じて命令の最後に b（バイト）、w（ワード）、l（ロングワード）のいずれかを付けることができます。たとえばロングワードの mov 命令の名前は movl になります。

コメントは、アセンブリコードの中では、'#' のあとに記述します。ただし、コメントの中では日本語は使わないほうがよいでしょう。

x86 をターゲットとした gcc のインラインアセンブラの最も単純なプログラムの例をリスト 12.11 に示します。このプログラムは、関数の中にインラインアセンブラを記述した例です。この関数は、最初の引数と第 2 の引数の値を加算して返します。

リスト 12.11 ● inlnasmgcc.c

```c
/*
 * inlnasmgcc.c
 */
#include <stdio.h>

int add(int v1, int v2)
{
  int ret;
  asm ("movl %0, %%eax"::"g"(v1));
  asm ("movl %0, %%ecx"::"g"(v2));
  asm ("addl %ecx, %eax");
```

```
  asm ("movl %%eax, %0":"=g"(ret));
  return ret;
}

int main()
{
  int a, b;
  a =2;
  b = 3;

  printf("%d + %d = %d¥n", a, b, add(a,b));

  return 0;
}
```

このプログラムをコンパイルして実行した状態を次に示します。

```
C:¥CCpp¥ch12¥asm>gcc -o inlnasmgcc inlnasmgcc.c

C:¥CCpp¥ch12¥asm>inlnasmgcc
2 + 3 = 5
```

"g" は入力パラメーターを、"=g" は出力パラメーターを表します。この例では、戻り値はローカル変数に入れて返します。

 Note　このプログラムと次のプログラムは x86 のシステム以外では実行できません。

ローカル変数は、インラインアセンブラの中で -4(%ebp)（最初のローカル変数）や -8(%ebp)（2 番目のローカル変数）でアクセスすることができます。

次の例は、2 個の変数 x と y にアクセスするプログラムの例です。

リスト 12.12 ● inlinegcc2.c

```c
/*
 * inlinegcc2.c
 */
#include <stdio.h>

int main()
{
  int x, y;
  x = 1;
  y = 3;

  asm ("movl -4(%ebp), %eax");  // mov EAX, x
  asm ("inc  %eax");            // inc EAX
  asm ("movl %eax, -4(%ebp)");  // mov x, EAX
  asm ("addl %eax, -8(%ebp)");  // add y, EAX

  printf("x=%d y=%d\n", x, y); // x=2, y=5

  return 0;
}
```

このプログラムをコンパイルして実行した状態を次に示します。

```
C:\CCpp\ch12\asm>gcc -o inlinegcc2 inlinegcc2.c

C:\CCpp\ch12\asm>inlinegcc2
x=2 y=5
```

ここで紹介したインラインアセンブラの情報は知識として知っておけばじゅうぶんです。イン
ラインアセンブラでコードを書くのであれば、他のリソースも参照してください。

この章の練習問題はありません。

付 録

開発環境

ここでは、主な C/C++ コンパイラや統合開発環境（Integrated Development Environment; IDE）、プログラミング可能なウェブサイトなどについて簡単に紹介します。これらは現在も改良・開発が継続されているため、バージョンや環境によってはここに記載したことと異なる場合があります。それぞれの詳細については公式ウェブサイトなどでご確認ください。

ここに記載した内容に関して、特定の環境における特定のツールの使い方についてのご質問はお受けできません。あらかじめご了承ください。

A.1 gcc

GCC は GNU のさまざまな言語に対応するコンパイラ群である GNU Compiler Collection（グヌーコンパイラコレクション）の略で、C 言語ではその中の gcc コマンドを使い、C++ では g++ コマンドを使ってプログラムをコンパイルします。

Linux など UNIX 系 OS では開発ツールのパッケージの中に含まれています。

Windows では、MinGW や Cygwin というソフトウェアとともにインストールしたり、あとで紹介する WSL（Windows Subsystem for Linux）でインストールして使うことができます。

MinGW は、次に紹介する日本語化された Eclipse である Pleiades と同時にインストールすることができます。

Mac では、Clang を使って gcc コマンドで C 言語のプログラムを、g++ コマンドで C++ のプログラムをコンパイルすることができます。

たとえば、C 言語のプログラム hello.c をコンパイルするときには次のようにします。

```
$ gcc hello.c
```

これで、カレントディレクトリに実行可能ファイル a.out または a.exe（Windows の場合）が生成されます。実行するときには、「a」で実行するか、それで実行できない環境の場合はカレントディレクトリであることを表す「./」を先頭に付けて「./a.exe」や「./a.out」で実行します。

```
$ ./a.out
Hello, C
```

C 言語のプログラム hello.c をコンパイルして、実行可能ファイル hello を生成したいときには -o オプションを指定します。

```
$ gcc -o hello hello.c
$ ./hello
Hello, C
```

A.2 Eclipse

Eclipse は無償で使うことができる IDE で、C/C++ のほかに Java、PHP、Python などにも対応しています。日本語 Windows 環境では、日本語化された Eclipse である **Pleiades** を使うのが一般的です。

C/C++ を含むパッケージをインストールするとインストールされる MinGW には、gcc が含まれています。

Pleiades のダウンロードサイトは下記の通りです。

https://mergedoc.osdn.jp/

ここからバージョン（2022 など）を選択して、さらに C/C++ か Ultimate のパッケージをダウンロードして解凍します。

C 言語または C++ のプログラムを Eclipse（Pleiades）で作成して実行するには、

(1) 新しい C または C++ のプロジェクトを作成し、

(2) C または C++ のソースファイルを追加してプログラムを入力し、

(3) ビルドしてから実行します。

Eclipse を起動するとワークスペース（Workspace）を入力するダイアログボックスが表示されます。ここには希望するワークスペース名を入力しますが、わからなければデフォルト（../workspace）のままでもかまいません。

 Note
最初に Eclipse（Pleiades）を起動したときには「システム PYTHONPATH の変更が検出されました」というダイアログボックスでインタープリタとパスの更新確認ダイアログボックスが表示されることがありますが、一般的な環境下であれば、よくわからなければ最下段のコマンドボタンのいずれを選択してもかまいません。

プログラムを実行するまでの手順をもう少し詳しくみていきましょう。

(1.a) IDE が表示されたら、作成するプロジェクトの種類として C/C++ を選びます（Ultimateの場合、下の図のように表示されたら2番目のC/C++を選択します）。

図A.1 ● プロジェクトの種類の選択（2番目のC/C++を選択する）

(1.b) ［ファイル］→ ［新規］→ ［C/C++ プロジェクト］を選択し、さらに ［C 管理プロジェクト］を選択します。

(1.c)　プロジェクト名をたとえば「hello」として［完了］をクリックすればプロジェクトが作成されます。

(2.a)　プロジェクト・エクスプローラーで作成したプロジェクト名（この例では「hello」）を右クリックして、［新規］→［ソース・ファイル］を選択し、ファイル名を入力します（たとえば hello.c）。

(2.b)　表示されたエディターにプログラムを入力し、メニューから［ファイル］→［保存］を選択してファイルに保存します。

(3.a)　メニューから［プロジェクト］→［プロジェクトのビルド］を選択するとプログラムをコンパイルすることができます。

(3.b)　メニューから［実行］→［実行］を選択すると、プログラムを実行することができます（最初に［実行］→［実行］を選択したときにはプログラムを実行する方法を選択するダイアログボックスが表示されるので、「ローカル C/C++ アプリケーション」を選択します）。

Note　コンソール入出力のあるプログラムを Eclipse（Pleiades）のコンソールで実行すると、入力と出力が期待した通り動作しないことがあります。

A.3　Visual Studio

Visual Studio は、マイクロソフトが提供している IDE で、C/C++、C#、Visual Basic などさまざまな言語に対応し、無償版と有償版があります。

ダウンロードサイトは下記の通りです。

```
https://visualstudio.microsoft.com/ja/
```

ファイルをダウンロードしたらインストールします。

Visual Studio で C 言語または C++ のプログラムを作成して実行する手順を簡単に示します。

（1）まず「新しいプロジェクトの作成」をクリックして、新しい空の C++ のプロジェクトを作成します。

（2）C 言語の場合は新しい C 言語のソースファイル（hello.c、main.c など）をプロジェクトに追加し、C++ の場合は新しい C++ のソースファイル（hello.cpp、main.cpp など）をプロジェクトに追加します。

プロジェクトにソースファイルを追加するためには、ソリューションエクスプローラーでソースファイルを右クリックして、表示されるコンテキストメニューで［追加］→［新しい項目］を選択し、「C++ ファイル」を選択してファイルを追加します（C 言語の場合でも「C++ ファイル」を選択して、追加するファイルの名前の拡張子を .c にします）。

（3）プログラムを入力して、ビルドしてから実行します。

プログラムをコンパイルするときには［ビルド］→［○○のビルド］を選択します。プログラムを実行するとき（デバッグしないで実行するとき）には、メニューから［デバッグ］→［デバッグなしで開始］を選択します。

A.4 **Visual Studio Code**

Visual Studio Code（**VSCode**）は、Windows、Linux、Mac で使用できる、デバッグ機能などが統合されたエディターです。

ダウンロードサイトは下記の通りです。

```
https://code.visualstudio.com/Download
```

ファイルをダウンロードしたらインストールします。

メニューなどを日本語化するには、「Japanese Language Pack for Visual Studio Code」拡張機能をインストールします。

C 言語または C++ のプログラムを作成するには、［ファイル］→［新しいテキストファイル］を選択して、新しい C または C++ のソースファイルを作成し、プログラムを入力します。

　プログラムを単に実行するとき（デバッグしないで実行するとき）には、メニューから ［デバッグ］ → ［デバッグなしで開始］ を選択しますが、このとき、あらかじめ Visual Studio （コンパイラは cl.exe）か GCC をインストールして、必要に応じてパスを設定しておく必要があります。

A.5 cl

　cl.exe は、Microsoft の C 言語や C++ のコンパイラです（厳密にはコンパイラとリンカーを制御するツールです）。通常は cl.exe は、Microsoft Visual Studio for Windows の背後で使います。

　コマンドプロンプトや Windows PowerShell のウィンドウの中で cl.exe やその他のツールを利用するには、PATH、TMP、INCLUDE、LIB、LIBPATH などの環境変数を設定しなければなりません。これらの環境変数を設定するためのバッチファイル（たとえば 64 ビットの通常のプログラム用に vcvars64.bat）が Visual Studio とともに提供されていますが、初心者が使うことは推奨しません。

A.6 ウェブサイト

　C/C++ 言語のプログラムを作成・編集して実行することができるオンラインの環境を提供しているサイトがあります。ただし、コンソール入力やファイル入出力が正常にできない、複数のモジュールをリンクしたりローカルリソースにアクセスするなどの高度なことはできないという場合がほとんどなので、主な目的は C/C++ の基礎的な学習になります。

codingground

C 言語のプログラムを試すときには、次のサイトを開きます。

    https://www.tutorialspoint.com/online_c_compiler.php

C 言語のプログラムを入力して ［Execute］をクリックして実行します。

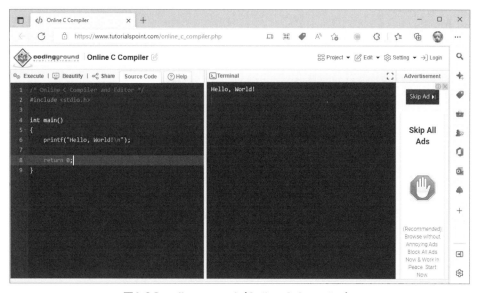

図A.2●codingground（Online C Compiler）

C++ の場合は次のサイトを開きます。

    https://www.tutorialspoint.com/online_cpp_compiler.php

paiza.io

次のサイトを開きます。

```
https://paiza.io/ja/projects/new
```

表示されたサイトの左上に言語を選択するドロップダウンリストボックスがあるので、「C言語」または「C++」を選択し、プログラムを入力して［実行］をクリックして実行します。

図A.3●paiza.io

WSL
(Windows Subsystem for Linux)

ここでは **Windows Subsystem for Linux（WSL）** について紹介します。

WSL は Windows 上に Linux の環境を作るサブシステムです。これをインストールすると、Windows 上で gcc を使って Linux のプログラムを開発することができます。

B.1 WSL のインストール

WSL は、Windows 11 と、最近のバージョンにアップデートされている Windows 10 および Windows Server 2022 でインストールすることができます。

WSL は管理者として実行している PowerShell かコマンドプロンプトで次のコマンドを実行することでインストールできます。

```
> wsl --install
```

これで Linux のディストリビューション Ubuntu がインストールされます（他のディストリビューションをインストールすることもできます）。

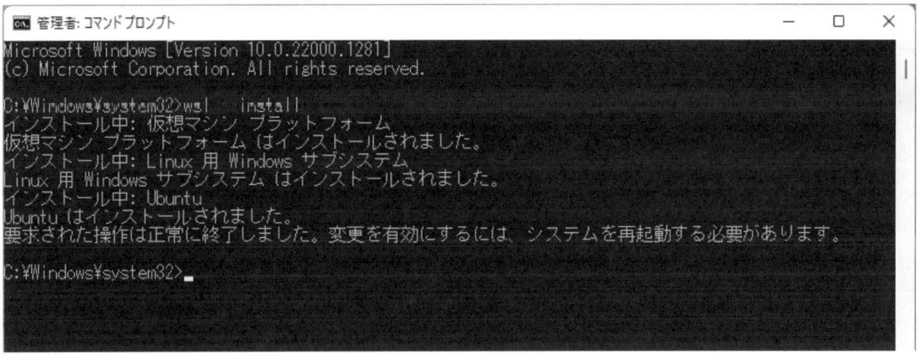

図B.1●WSLのインストール

　インストールできたら、Windows を再起動します。再起動すると、WSL 内でのユーザーとパスワードを入力するように求められます。 ユーザーとパスワードを入力したら環境が構成され WSL を使用できるようになります。

図B.2●WSLを初めて起動した状態

　いったんインストールしてユーザーを作成したら、次からは Windows のスタートメニューから Ubuntu を選択すると、次のようなウィンドウが開きます。

図B.3●WSLのコンソール

　使用できるようになった WSL の更新とアップグレードを行うために、ルート権限で二つのコマンド「apt update」と「apt upgrade」を実行します。

```
$ sudo apt update && sudo apt upgrade
```

B.2　カレントディレクトリやファイルの調べ方

　コンソールでカレントディレクトリを調べるには pwd コマンドを使います。

```
$ pwd
/home/saltydog
```

　カレントディレクトリのファイルを調べるには ls コマンドを使います。

```
$ ls
a.out  hello  hello.c
```

カレントディレクトリのファイルの詳細を調べるには、-l オプションを指定して ls コマンドを実行します。

```
~$ ls -l
total 36
-rwxr-xr-x 1 saltydog saltydog 15960 Nov 28 20:26 a.out
-rwxr-xr-x 1 saltydog saltydog 15960 Nov 30 10:12 hello
-rw-r--r-- 1 saltydog saltydog   112 Nov 17 16:31 hello.c
```

-l オプションに加えて -a オプションも指定して ls コマンドを実行すると、ファイル名の先頭にピリオドがあるファイルも含むすべてのファイルが表示されます。

```
~$ ls -la
total 68
drwxr-x--- 3 saltydog saltydog  4096 Nov 30 10:12 .
drwxr-xr-x 3 root     root      4096 Nov 17 08:53 ..
-rw------- 1 saltydog saltydog   255 Nov 29 09:56 .bash_history
-rw-r--r-- 1 saltydog saltydog   220 Nov 17 08:53 .bash_logout
-rw-r--r-- 1 saltydog saltydog  3771 Nov 17 08:53 .bashrc
-rw-r--r-- 1 saltydog saltydog     0 Nov 30 10:11 .motd_shown
-rw-r--r-- 1 saltydog saltydog   807 Nov 17 08:53 .profile
-rw-r--r-- 1 saltydog saltydog     0 Nov 17 08:59 .sudo_as_admin_successful
drwxr-xr-x 5 saltydog saltydog  4096 Nov 17 16:25 .vscode-server
-rw-r--r-- 1 saltydog saltydog   183 Nov 17 16:25 .wget-hsts
-rwxr-xr-x 1 saltydog saltydog 15960 Nov 28 20:26 a.out
-rwxr-xr-x 1 saltydog saltydog 15960 Nov 30 10:12 hello
-rw-r--r-- 1 saltydog saltydog   112 Nov 17 16:31 hello.c
```

WSL のコンソールから Windows エクスプローラーでカレントディレクトリのファイルを調べるには次のコマンドを使います（最後のピリオド「.」を忘れないでください）。

```
$ explorer.exe .
```

Windows のエクスプローラーが開いて、カレントディレクトリの内容が表示されます。

WSI 起動時のフォルダは、ディストリビューションが Ubuntu の場合、ネットワーク /
wsl.localhost/Ubuntu/home/*username* または、Linux/Ubuntu/home/*username* です。

B.3 コマンドのインストール

WSL 上にコマンドがインストールされていないときにコマンドを実行しようとすると
メッセージが出力されます。

次の例は hello.c というファイルをコンパイルするために gcc を起動しようとした場
合の例です。

```
$ gcc hello.c
Command 'gcc' not found, but can be installed with:
sudo apt install gcc
$
```

gcc をインストールするには、次のようにあらかじめディストリビューションを更新
してからインストールします。

```
$ sudo apt-get update
$ sudo apt install gcc
```

C++ コンパイラをインストールするには、次のようにします。

```
$ sudo apt install g++
```

B.4　Cプログラムのコンパイル

C言語のプログラムは、gccでコンパイルすることができます。gccは、Linuxをはじめ UNIX系OSの標準的なコンパイラです。

たとえば、C言語のプログラムhello.cをコンパイルするときには次のようにします。

```
$ gcc hello.c
```

これでカレントディレクトリに実行可能ファイルa.outが生成されます。実行するときにはカレントディレクトリであることを表す「./」を先頭に付けて「./a.out」で実行します。

```
$ ./a.out
Hello, C
```

C言語のプログラムhello.cをコンパイルして、実行可能ファイルhelloを生成したいときには -o オプションを指定します。

```
$ gcc -o hello hello.c
$ ./hello
Hello, C
```

B.5　WSLへのVisual Studio Codeのインストールと設定

まずはじめに、WindowsにVisual Studio Codeをインストールします。

次に、Remote Development拡張機能パックをインストールします。

「code .」で作業ディレクトリをカレントディレクトリとしてVisual Studio Codeを起動します。

トラブル対策

ここでは C/C++ プログラミングで一般的によく発生する可能性があるトラブルとその対策を示します。

C.1 一般的なトラブルとその対処

トラブル1 gcc や cl.exe、make などを実行できない

- 開発ツールがインストールされていないと、実行できません。通常、UNIX 系の C/C++ コンパイラの名前は、gcc、g++、cl、cc などですが、異なる名前のコンパイラがインストールされている場合もあります。
- 開発ツールがインストールされていても、パスが通っていないと実行できません。

これらのツールが正しくインストールされているかどうか調べるためには、実際に小さなプログラムを作成してコンパイルしてみるのがいちばんよい方法です。また、コマンドに引数 --version を付けて実行してみるのも良いでしょう。

--version はたいていのコマンドで、そのコマンドのバージョンを表示します。

```
$ gcc --version
gcc (Ubuntu 11.3.0-1ubuntu1~22.04) 11.3.0
Copyright (C) 2021 Free Software Foundation, Inc.
This is free software; see the source for copying conditions.  There is NO
warranty; not even for MERCHANTABILITY or FITNESS FOR A PARTICULAR PURPOSE.
```

または

```
>g++ --version
g++ (x86_64-posix-seh-rev0, Built by MinGW-W64 project) 8.1.0
Copyright (C) 2018 Free Software Foundation, Inc.
This is free software; see the source for copying conditions.  There is NO
warranty; not even for MERCHANTABILITY or FITNESS FOR A PARTICULAR PURPOSE.
```

トラブル2　C++のプログラムをコンパイルできない

　ソースファイル名の拡張子をC++の拡張子にしてください。C++の拡張子は.cpp、.cxx、.ccなどですが、デフォルトでC++のソースファイルとしてコンパイラが認識する拡張子は、コンパイラの種類によって異なります。

　必要に応じて明示的にC++のコンパイラを使ってコンパイルしてください。たとえば、Linuxなどgccシステムではg++ -o progname progname.cppまたはg++ -o progname ./progname.cppでコンパイルします。

トラブル3　開発ツールで不具合がある

- ツールそのものをいったんアンインストールしてから、インストールしなおすことで問題が解決することがあります。
- ツールの拡張機能が正常に動作しない場合には、その拡張機能をいったんアンインストールしてから、インストールしなおすことで問題が解決することがあります。

C.2 コンパイル時のエラーメッセージとその対処

トラブル 1　ヘッダーファイルが見つからないと報告された

- ●ヘッダーファイル名が間違っている可能性があります。タイプミスのほかに、システムやコンパイラによってヘッダーファイル名が異なる場合や、新しいヘッダーファイルがサポートされていない場合があるので、コンパイラのドキュメント（ヘルプやそのほかの情報）を参照してください。

- ●ヘッダーファイルの検索パスを正しく指定してください。ほとんどのコンパイラで、ヘッダーファイルの検索パスは -I オプションで指定できます。Linux のような UNIX 系 OS では、ln コマンドを使ってヘッダーファイルのあるディレクティブにリンクを設定することができます。次の例は、ソフトリンクで /usr/src/linux/include/linux を /usr/include/linux に設定する例です。

```
# cd /usr/include
# ln -s /usr/src/linux/include/linux linux
```

- ●サポートされていないヘッダーファイルを使っている場合は、以前のヘッダーファイルに変更してください。たとえば、<locale> がサポートされていないコンパイラでは <locale> の代わりに <locale.h> を使い、ソースコードもそれに合わせて変更する必要があります。

トラブル 2　using や namespace が定義されていない識別子として報告された

- ●コンパイラが名前空間（ネームスペース）をサポートしていない場合、using namespace std; の行は削除する必要があります。その場合、名前の競合や :: の解決が行えない場合があり、そのようなときにはソースプログラムを変更する必要があります。

トラブル3　「;が必要」または「;がない」というエラーが表示された

- 行末のセミコロン（;）を忘れていないか確認してください。C/C++ の場合、その言語仕様上、前の行の ; を付け忘れていると、次の行のエラーとして報告されることがあります。

トラブル4　識別子が定義されていないと報告された

- 必要なヘッダーファイルのインクルードを忘れるとこのエラーが発生します。たとえば、C++ のソースプログラムの string の入出力で << や >> を使うときには #include <string> を追加してください。
- 誤って全角の括弧や引用符文字などを使うとこのメッセージが報告されることがあります。たとえば、printf("Hello") とするべきところを、printf ("Hello") としたり、printf(" Hello"); とするとこのエラーになります。
- コンパイラが名前空間（ネームスペース）をサポートしている場合、「using namespace std;」を忘れていないかチェックしてください（ほとんどの場合、std 名前空間を使います）。また、そのほかの必要な名前空間がある場合には「using namespace *xxx*;」（*xxx* は名前空間名）を追加してください。
- 自分で作った関数が定義されていないと報告される場合は、プロトタイプ宣言を行います。自分で作った関数を、定義より前に参照している場合、関数のプロトタイプを宣言する必要があります。関数のプロトタイプ宣言とは、関数の型、引数の型と関数名（識別子）を宣言することです。プロトタイプ宣言は double myfunc(int argn); のように最後にセミコロン（;）が必要ですから注意してください。
- 必要なライブラリをリンクするように指定しないと、定義されていないか、未解決のシンボルがあるというメッセージが表示されることがあります。UNIX 環境の標準的な C/C++ コンパイラの場合、たとえば、math.h をインクルードする関数を使うプログラムでは、次のように -lm コンパイルオプションを付ける必要がある場合があります。

```
cc -lm -o myprog main.c
```

トラブル 5　cin や cout などが定義されていない識別子として報告された

- 必要なヘッダーファイルのインクルードを忘れるとこのエラーが発生します。#include <iostream> を追加してください。
- 名前空間をサポートしている場合、using namespace std; を忘れるとこのエラーが発生します。
- 明示的に C++ のコンパイラを使ってコンパイルしてください。たとえば、Linux など gcc システムでは g++ progname.cpp -o progname でコンパイルします。

トラブル 6　特定のライブラリの関数が未定義の識別子として報告された

- 必要なライブラリをリンクしてください。たとえば、スレッド関連の関数が未定義の識別子として報告されるときには、マルチスレッド対応のライブラリをリンクしてください。

トラブル 7　プリコンパイル済みヘッダーの検索中に予期しない EOF を検出したと報告された

- プリコンパイルするものとして指定したヘッダーファイルが、ソースファイルの中で正しく使われていません。#include 文を調べて、プリコンパイルするヘッダーファイルの名前を正しく指定するか、プリコンパイル済みヘッダーを使わないようにします。

  変更された個所に関連するファイルだけをコンパイルするように設定している場合、依存関係の解決が完全に行われず、その結果、プリコンパイルが完全に行われないことがあります。そのような場合には、すべてのソースファイルを強制的に完全に再コンパイル（再ビルド）しなおすと問題が解決することがあります（IDE の場合、ビルドではなくリビルドを実行します）。

トラブル8　特定の文字が認識できないと報告された

- ソースファイルが壊れている可能性があります。
- コメントやリテラル文字列以外の場所でマルチバイト文字（日本語など）の空白や句読点（、。）、その他の日本語文字などを使っている可能性があります。

トラブル9　シンタックスエラー（文法上の間違い）が報告される

- 文法上の間違いがないか、必要なセミコロン（;）やそのほかの記号を忘れていないか調べてください。
- 変数や関数などの名前に、言語キーワードと同じ名前を使っていないか確認してください。

トラブル10　「error C4996」というエラーになった

Visual Studio など Microsoft のコンパイラを使う環境では、strcat() や scanf()、fgets() などの関数は安全ではない可能性があるというエラーメッセージ error C4996 が出力されることがあります。その場合はこのエラーを無効にする次のコード（プラグマ）を使うことができます。

```
#pragma warning(disable : 4996)
```

Microsoft のコンパイラでコンパイルするときだけこのプラグマを有効にしたい場合は、Visual Studio など Microsoft のコンパイラを使うときに定数 _MSC_VER が定義されているので、次のようにします。

```
#ifdef _MSC_VER
#pragma warning(disable : 4996)
#endif
```

また、たとえば、scanf() でこのエラーメッセージが出力された場合は scanf() の代

わりに scanf_s() を使うか、例えば次のように「#define scanf scanf_s」を追加する方
法を使うこともできます。

```c
#include <stdio.h>

#define scanf scanf_s

int main(int argc, char* argv[])
{
  int x, y;
  printf("整数をふたつ入力してください：");
  scanf("%d %d", &x, &y);

  printf("%d + %d = %d\n", x, y, x + y);

  return 0;
}
```

Microsoft のコンパイラを使うという条件の時だけ（定数 _MSC_VER が定義されている
場合だけ）有効にしたい場合は次のようにします。

```c
#include <stdio.h>

#ifdef _MSC_VER
#define scanf scanf_s
#endif

int main(int argc, char* argv[])
{
  int x, y;
  printf("整数をふたつ入力してください：");
  scanf("%d %d", &x, &y);

  printf("%d + %d = %d\n", x, y, x + y);

  return 0;
}
```

トラブル11　「error C6031」という警告が表示された

Visual Studio など Microsoft のコンパイラを使う環境では、関数の戻り値を使わないときには警告メッセージ warning C6031 が出力されることがあります。その場合はこのエラーを無効にする次のコード（プラグマ）を使うことができます。

```
#pragma warning(disable : 6031)
```

Microsoft のコンパイラでコンパイルするときだけこのプラグマを有効にしたい場合は、Visual Studio など Microsoft のコンパイラを使うときに定数 _MSC_VER が定義されているので、次のようにします。

```
#ifdef _MSC_VER
#pragma warning(disable : 6031)
#endif
```

トラブル12　C++ のプログラムをコンパイルするとわけのわからないエラーがいっぱい出る

- C++ のプログラムをコンパイルするときには、明示的に C++ のコンパイラを使ってください。GNU C/C++ では C++ のコンパイラのコマンドは g++ です。ソースファイルを C++ として認識するためのオプションを指定しない限り、gcc は C++ のファイルであっても C 言語のソースと判断してコンパイルしようとします。
- ソースファイルの拡張子が正しいか調べてください。コンパイラやオプションの指定によって、C++ のプログラムと認識するファイル拡張子が異なります。

トラブル13　C 言語と C++ を組み合わせたプログラムのコンパイルができない

C 言語のソースファイルと C++ のソースファイルから構成されるプログラムのコンパイルができない場合に最も手軽な方法は、すべてのソースファイルを C++ のファイルと

してコンパイルする方法です。

Visual Studio などの IDE でデフォルトで使われる Microsoft のコンパイラは、C++ の ソースファイルの拡張子を C++ の拡張子に変更するか、オプションで C++ のコードとし てコンパイルするように指定（「コンパイル言語の設定」で「C++ としてコンパイル」を 選択するか /TP オプションを指定）する必要があります。

GCC を使う場合は、gcc ではなく g++ を使うことで C 言語のソースも含めて C++ とし てコンパイルすることができます。

C.3 実行時のトラブルとその対処

トラブル 1　実行可能ファイルが見つからないというエラーメッセージが表示される

- コンパイルは成功したが実行可能ファイルが見つからないというエラーメッセージ が表示される場合には、環境変数 PATH に「./」が含まれていない可能性があります。 ファイルがカレントディレクトリにあることを示すために、./hello のように実行 可能ファイル名の前に「./」を付けるか、「/hello/hello」または「/home/myname/ hello/hello」のように、実行可能ファイルを絶対パスで指定します。

トラブル 2　プログラムを実行できない

- システムやウィルス対策プログラムが、新しくコンパイルした（未知の）プログラ ムを実行する前に警告を表示したり実行しないように設定されている場合がありま す。警告が表示された場合は実行することを選び、未知のプログラムを実行しない ように設定されている場合はその機能を無効にしてください。
- インラインアセンブラを使うプログラムは、特定のハードウェアを直接利用しよう とするので、本書のサンプルは x86 のシステム以外では実行できません。また、サ ブシステムやエミュレーターなどでは実行できない可能性があります。

トラブル3　何も表示されない

- 開発環境によっては、コンソールプログラムを実行すると、ウィンドウが表示されてその中で実行され、プログラムが終了するとともにそのウィンドウが閉じてしまうことがあります。そのような場合にはプログラムのmain() の最後、あるいはそのほかの適切な場所に次のような行を追加して、ウィンドウが自動的に閉じないようにしてください。

```
printf("Hit any key");
getch();
```

トラブル4　文字化けする

- Windows でウィンドウに表示される日本語の文字化けが発生する場合は、コードページを変更してください。ウィンドウのコードページはchcpコマンドで変更します。文字エンコーディングと chcp コマンドとの関係は次の通りです。

表C.1●文字エンコーディングとchcpコマンド

文字エンコーディング	コマンド
shift_jis	chcp 932
utf-16	chcp 1200
euc-jp	chcp 51932
utf-7	chcp 65000
utf-8	chcp 65001

　たとえば、ソースファイルが UTF-8 で保存されていて、ウィンドウを UTF-8 に対応させたいときには「chcp 65001」を実行します。

- Windows で、プログラムを UTF-8 で作成して、ANSI（シフト JIS）のコマンドプロンプトで UTF-8 のプログラムを実行すると文字化けが発生しますが、その場合、コマンドプロンプトウィンドウで「chcp 65001」コマンドを実行してコードページを

変更してください。ANSI（シフトJIS）に戻すときには「chcp 932」コマンドを実行します。

- 必要に応じてソースファイルを適切な文字コードに変換してください。UNIX系の環境では漢字コードの変換にiconvコマンドを使うことができます。たとえば、シフトJISのソースプログラムをUTF-8に変換するときには、次のようにします。

```
iconv -f sjis -t utf-8 src.c > dest.c
```

また、nkfを使ってシフトJISのソースプログラムをEUCに変換するときには次のようにします。

```
nkf -e file.sjis > file.euc
```

また、テキストエディターによっては、ファイルに保存する際にエンコードを指定できるものがあります。

- ロケールの設定が間違っている可能性があります。ロケールを日本に設定するには、たとえば次のコードを実行します。

```
setlocale(LC_ALL, "ja_JP");
```

トラブル5 表示される文字がおかしい

- UNIX系の環境では、エスケープシーケンスなどのバックスラッシュを使うところで、円記号（¥）ではなくバックスラッシュ（\）を使う必要があります。
- バッファリングを行う出力関数や演算子を使うときには、クラスの異なるものを使うと、予期しない結果になることがあります。たとえば、<stdio.h>と<iostream>を同時に使うと、同期をとらない限り、期待したとおりに出力される保証はありません。

トラブル 6　Segmentation fault でコアダンプされる

● 不正なメモリ領域にアクセスしようとした可能性があります。確保してメモリに割り当てていない領域を使おうとしたり、変数の大きさより大きいデータを変数に保存していないか、すでに解放したメモリを使っていないか調べてください。同じポインタに対して free() を2回以上呼び出していないかということも調べてください。

トラブル 7　プログラムが暴走した

　プログラムが無限ループに入るなどして制御不能になった場合、プログラムを強制終了させてください。

　たいていの場合、[Ctrl] + [C] でプログラムを終了できるでしょう。それで終了できない場合は次の方法を使うことができます。

　Windows では [Ctrl] + [Alt] + [Delete] でタスクマネージャーを起動してプログラムを選択してから [タスクを終了] をクリックすることでプロセスを中止することができます。

　Linux など UNIX 系 OS では、ps コマンドで動作しているプロセス ID を確認して、kill コマンドにプロセス ID を指定してそのプロセスを終了します。

トラブル 8　デバッグビルドでは正常に機能するが、リリースビルドでは機能しない

● リリースビルドのコンパイルオプションをチェックしてみてください。assert() のようなデバッグ用関数やマクロは、通常、リリースモードでは評価されません。したがって、アサート文の中に記述した式や関数の呼び出しは実行されません。また、関数によってはデバッグとリリースでは動作が異なるものがあります。

C.4　環境の違いが原因となるトラブルと対策

トラブル1　ファイルにアクセスできない

- Windows はパスのデリミタとして、スラッシュ（/）と円記号（¥）の両方を使うことができます。しかし、UNIX では、パス名やファイル名を表す文字列でデリミタとしてスラッシュしか使えません。
- 大文字／小文字が違っている可能性があります。UNIX では大文字／小文字を区別します。Windows の FAT ファイルシステムでは大文字小文字を区別しません。最近の Windows の NTFS では、ディレクトリ一覧については大文字小文字を区別しますが、ファイル検索などのシステム操作では大文字小文字を無視します。
- ファイルの属性をチェックしてください。ファイルやディレクトリへのアクセス権がなければアクセスできません。

付録 D 練習問題解答例

　ここに示す練習問題の解答例は、あくまでも一つの例です。プログラミングでは、一つの問題に対する解決方法が複数あることがよくあるので、ここに記載した例と同じでなくても、問題に対して期待した結果が得られれば正解です。問題に、C 言語またはC++ の指定がない場合には、どちらのプログラムを作成してもかまいませんが、ここにはどちらか一方の解答例だけを示します。

第 1 章の解答例

問題 1.1

　C 言語の Hello プログラムを作成してコンパイルし、実行してください。

　最初に開発環境を選択して、システムに開発環境を構築します。

　問題が発生したら、付録 A「コンパイラと IDE」や付録 C「トラブル対策」を参照してください。

問題 1.2

　C++ の Hello プログラムを作成してコンパイルし、実行してください。

　最初に開発環境を選択して、システムに C++ の開発環境を構築します。多くの場合、C 言語の開発環境で C++ を問題なくコンパイルして実行できるはずです。

　問題が発生したら、付録 A「コンパイラと IDE」や付録 C「トラブル対策」を参照してください。

第2章の解答例

問題 2.1

自分の名前を出力する C 言語プログラムを作ってください。

```
/*
 * q2_1.c
 */
#include <stdio.h>

int main(void)
{
  printf("私の名前は椀子犬太です。¥n");

  return 0;
}
```

問題 2.2

自分の名前を出力する C++ プログラムを作ってください。

```
// q2_2.cpp
#include <iostream>

int main(int argc, char* argv[])
{
  std::cout << "私の名前は椀子犬太です。" << std::endl;

  return 0;
}
```

第 3 章の解答例

問題 3.1

　整数を一つ入力すると、その値の 2 倍の値を出力する C 言語プログラムを作成してください。

```
/*
 * q3_1.c
 */
#include <stdio.h>
#ifdef _MSC_VER
#define scanf scanf_s
#endif

int main(void)
{
  int x;

  scanf("%d", &x);

  printf("%dの2倍は：%d¥n", x, x * 2);

  return 0;
}
```

問題 3.2

　二つの実数を入力すると、それらの値を乗算して結果を出力する C++ プログラムを作成してください。

```
// q3_2.cpp
#include <iostream>
#include <iomanip>

int main(int argc, char* argv[])
```

```
{
  double x1, x2;

  std::cout << "最初の実数：";
  std::cin >> x1;

  std::cout << "第2の実数：";
  std::cin >> x2;

  std::cout << x1 << " x " << x2 << " = ";
  std::cout << std::setw(10) << x1 * x2 << std::endl;


  return 0;
}
```

問題 3.3

0 〜 1.0 の範囲の乱数を 10 個出力するプログラムを作成してください。

```
/*
 * q3_1.c
 */
#include <stdio.h>
#include <stdlib.h>
#include <time.h>

int main(void)
{
  int i;
  time_t t;

  srand((unsigned)time(&t));

  for (i = 0; i < 10; i++)
    printf("%lf¥n", rand() / (RAND_MAX * 1.0));
```

```
    return 0;
}
```

第 4 章の解答例

問題 4.1

　英単語を入力すると、その単語の文字数を調べて出力する C 言語プログラムを作成してください。

```c
/*
 * q4_1.c
 */
#include <stdio.h>
#include <string.h>
#ifdef _MSC_VER
#pragma warning(disable : 4996)
#pragma warning(disable : 6031)
#pragma warning(disable : 6054)
#endif

int main(int argc, char* argv[])
{
  char buff[256];

  printf("英単語 >");
  scanf("%s", buff);

  printf("%sの長さ=%d\n", buff, (int)strlen(buff));

  return 0;
}
```

問題 4.2

英単語を入力すると、その単語の文字数を調べて出力する C++ プログラムを作成してください。

```cpp
// q4_2.cpp
#include <iostream>

int main(int argc, char* argv[])
{
  std::string s;

  std::cout << "英単語 >";
  std::cin >> s;

  std::cout << s << "の長さは=" << s.length() << std::endl;

  return 0;
}
```

問題 4.3

二つの文字列を入力すると、それをつなげて出力するプログラムを作成してください。

```cpp
// q4_3.cpp
#include <iostream>

int main(int argc, char* argv[])
{
  std::string s1, s2;

  std::cout << "最初の文字列>";
  std::cin >> s1;
  std::cout << "第二の文字列>";
  std::cin >> s2;

  std::cout << s1 << " " << s2 << std::endl;
```

```
  return 0;
}
```

第 5 章の解答例

問題 5.1

　キーボードから入力された整数が、奇数であるか偶数であるか調べるプログラムを作成してください。

```
/*
 * q5_1.c
 */
#include <stdio.h>

int main(int argc, char* argv[])
{
  int x;

  printf("整数を入力してください：");
  scanf("%d", &x);

  if (x % 2 == 0) {
    printf("%dは偶数です。", x);
  } else {
    printf("%dは奇数です。", x);
  }
}
```

問題 5.2

　入力された整数が、ゼロか、負の数か、10 未満の正の数か、10 以上の正の数かを調べて結果を表示するプログラムを作ってください。

```
/*
 * q5_2.c
 */
#include <stdio.h>

int main(int argc, char* argv[])
{
  int n;

  printf("整数を入力してください：");
  scanf("%d", &n);

  if (n == 0)
    printf("%dはゼロです。¥n", n);
  else if (n < 0)
    printf("%dは負の数です。¥n", n);
  else if (n > 9)
    printf("%dは10以上の正の数です。¥n", n);
  else
    printf("%dは10未満の正の数です。¥n", n);
}
```

問題 5.3

入力された整数の階乗を計算するプログラムを作ってください。

```
/*
 * q5_3.c
 */
#include <stdio.h>

int main(int argc, char* argv[])
{
  int i, n, v;

  printf("整数を入力してください：");
```

```
    scanf("%d", &n);

    v = 1;
    for (i=2; i<=n; i++) {
        v = v * i;
    }
    printf("%dの階乗は%d¥n", n, v);
}
```

第 6 章の解答例

問題 6.1

　入力された文字列を 3 回繰り返した文字列を作って、puts() を使ってその文字列を出力するプログラムを作成してください。

　たとえば、「Hello!」と入力したら「Hello! Hello! Hello!」と出力します。

```
/*
 * q6_1.c
 */
#include <stdio.h>
#include <string.h>

int main(void) {

    char s[256], buffer[1024];

    printf("文字列を入力してください>");
    scanf("%s", s);
    strcpy(buffer, s);
    strcat(buffer, s);
    strcat(buffer, s);

    fputs(buffer, stdout);
```

```
    return 0;
  }
```

問題 6.2

　入力された実数の切り上げた値、切り捨てた結果、四捨五入した結果を表示する C++
プログラムを作成してください。

```cpp
// q6_2.cpp
#include <iostream>
#include <math.h>

int main(int argc, char* argv[])
{
  double x;

  std::cout << "実数を入力してください>";
  std::cin >> x;

  // 切り上げた結果を返す。
  std::cout << x << "を切り上げた値" << ceil(x) << std::endl;

  // 切り捨てた結果を返す。
  std::cout << x << "を切り捨てた値は" << floor(x) << std::endl;

  // 四捨五入した結果を返す。
  std::cout << x << "を四捨五入した値は" << round(x) << std::endl;

  return 0;
}
```

問題 6.3

　2個の実数の和を返す関数と差を返す関数、およびその関数を使うプログラムを作っ
てください。

```
/*
 * q6_3.c
 */
#include <stdio.h>
#include <string.h>
#ifdef _MSC_VER
#pragma warning(disable : 4996)
#endif

// 2個の和を返す関数
double sum(double v1, double v2) {
  return v1 + v2;
}

// 2個の差を返す関数
double diff(double v1, double v2) {
  return v1 - v2;
}

int main(void) {

  double x1, x2;

  printf("実数を2個入力してください>");
  scanf("%lf %lf", &x1, &x2);

  printf("%lf + %lf = %lf\n", x1, x2, sum(x1, x2));
  printf("%lf - %lf = %lf\n", x1, x2, diff(x1, x2));

  return 0;
}
```

第 7 章の解答例

問題 7.1

0 から 10 までの 2 乗の数を、結果の 1 桁目が右揃えになるように出力するプログラムを作成してください。

```
/*
 * q7_1.c
 */
#include <stdio.h>

int main(int argc, char* argv[])
{
  int i;

  for(i=1; i<11; i++)
    printf("%2d×%2d=%3d¥n", i, i, i*i);

  return 0;
}
```

問題 7.2

任意のテキストファイルの行数をカウントして出力するプログラムを作ってください。

```
/*
 * q7_2.c
 */
#include <stdio.h>
#ifdef _MSC_VER
#pragma warning(disable : 4996)
#pragma warning(disable : 6054)
#endif

int main(int argc, char* argv[])
```

```
{
  FILE* fp;
  int count;
  char filename[512];
  char buffer[2048];

  printf("ファイル名を入力してください：");
  if (fscanf(stdin, "%s", filename) == EOF)
    return -1;

  // ファイルを開く
  fp = fopen(filename, "r");
  if (fp == NULL) {
    fprintf(stdout, "ファイル%sを開くことができません.¥n", filename);
    return -1;
  }

  // ファイルの終端になるまでテキスト行を読み込む
  count = 0;
  while (1)
  {
    if (fgets(buffer, 255, fp) == NULL)
      break;
    count++;
  }

  // ファイルを閉じる
  fclose(fp);

  printf("%sの行数は%d行です。¥n", filename, count);

  return 0;
}
```

問題 7.3

CSV 形式で単語をファイルに出力するプログラムを作成してください。

```c
/*
 * q7_3.c
 */
#include <stdio.h>
#include <string.h>
#ifdef _MSC_VER
#pragma warning(disable : 4996)
#pragma warning(disable : 6031)
#pragma warning(disable : 6054)
#endif

int main(int argc, char* argv[])
{
  FILE* fp;
  int count;
  char filename[512], buffer[128];

  printf("ファイル名を入力してください：");
  if (fscanf(stdin, "%s", filename) == EOF)
    return -1;

  // ファイルを開く
  fp = fopen(filename, "w");
  if (fp == NULL) {
    printf("ファイル%sを開くことができません。¥n", filename);
    return -1;
  }

  printf("単語を入力してください（終了はquit）¥n");
  count = 0;
  while(1){
    scanf("%s", buffer);
    if (strcmp(buffer, "quit") == 0)
      break;
    else if (count>0)
```

```
      fputc(',', fp);
    fprintf(fp, "%s", buffer);
    count++;
  }

  // ファイルを閉じる
  fclose(fp);

  printf("%d個の単語を保存しました。¥n", count);

  return 0;
}
```

第 8 章の解答例

問題 8.1

char 配列の文字配列を要素とする配列に複数の文字列を保存して出力するプログラムを作成してください。保存する文字列の長さは最大で 127 バイトで、文字列数は 100以下とします。

```
/*
 * q8_1.c
 */
#include <stdio.h>
#include <string.h>
#ifdef _MSC_VER
#pragma warning(disable : 4996)
#endif

int main(int argc, char* argv[])
{
  char buffer[128];
  char str[100][128];
  int i, count;
```

```
    printf("文字列を入力してください（終了は.）¥n");

    count = 0;
    while (1)
    {
      if (fgets(buffer, 127, stdin) == NULL)
      {
        fprintf(stderr, "入力エラーです。");
      }
      if ((buffer[0] == '.') & (buffer[1] == '¥n'))
        break;
      strcpy(str[count++], buffer);
      if (count > 100)
        break;
    }

    printf("%d行のテキストを入力しました。¥n", count);

    // 入力された文字列を出力する
    for (i=0; i<count; i++)
    {
      printf("%s", str[i]);
    }

    return 0;
}
```

問題 8.2

　char、int、long、float、double のそれぞれの型の変数を作成して値を保存し、それ
ぞれの型のポインタのサイズと値を出力するプログラムを作成してください。

```
/*
 * q8_2.c
 */
#include <stdio.h>
```

```c
#include <string.h>
#ifdef _MSC_VER
#pragma warning(disable : 4996)
#endif

int main(int argc, char* argv[])
{
  char *cp, c = 'X';
  short *sp, s = 123;
  int *ip, i = 123;
  long *lp, l = 1234567890;
  float *fp, f = 123.45F;
  double *dp, d = 234.56;

  printf("charのサイズ=%d\n", (int)sizeof(c));
  printf("char　のポインタサイズ=%d 変数cのポインタの値=%p\n",
                                                (int)sizeof(cp), &c);
  printf("shortのサイズ=%d\n", (int)sizeof(s));
  printf("short のポインタサイズ=%d 変数sのポインタの値=%p\n",
                                                (int)sizeof(sp), &s);
  printf("intのサイズ=%d\n", (int)sizeof(i));
  printf("int　のポインタサイズ=%d 変数iのポインタの値=%p\n",
                                                (int)sizeof(ip), &i);
  printf("longのサイズ=%d\n", (int)sizeof(l));
  printf("long　のポインタサイズ=%d 変数lのポインタの値=%p\n",
                                                (int)sizeof(lp), &l);
  printf("floatのサイズ=%d\n", (int)sizeof(f));
  printf("float のポインタサイズ=%d 変数fのポインタの値=%p\n",
                                                (int)sizeof(fp), &f);
  printf("doubleのサイズ=%d\n", (int)sizeof(d));
  printf("doubleのポインタサイズ=%d 変数dのポインタの値=%p\n",
                                                (int)sizeof(dp), &d);

  return 0;
}
```

問題 8.3

コマンドライン引数に指定した実数値を合計して、小数点以下 2 桁まで出力するプログラムを作成してください。

```
/*
 * q8_3.c
 */
#include <stdio.h>
#include <stdlib.h>

int main(int argc, char* argv[])
{
  int i;
  double x = 0.0;

  if (argc < 2) {
    printf("引数を1個以上指定してください。¥n");
      return -1;
  }

  // コマンドライン引数の値を加算する
  for (i=1; i<argc; i++)
  {
    x += atof(argv[i]);
  }
  printf("Total=%.2lf¥n", x);

  return 0;
}
```

第 9 章の解答例

問題 9.1

　幅と高さで形を表現する Rect（四角形）構造体を定義して、データを作成して幅と高さ、面積を出力するプログラムを作ってください。

```c
/*
 * q9_1.c
 */
#include <stdio.h>

// Rect構造体の定義
typedef struct RECT
{
  int w;   // 幅
  int h;   // 幅
} Rect;

int main(int argc, char* argv[])
{
  Rect rect;

  rect.w = 175;
  rect.h = 100;

  printf("四角形の幅=%d 高さ=%d\n", rect.w, rect.h);
  printf("四角形の面積=%d\n", rect.w * rect.h);

  return 0;
}
```

問題 9.2

　幅と高さで形を表現する Rect（四角形）クラスを定義して、データを作成して幅と高さ、面積を出力するプログラムを作ってください。

```
// q9_2.cpp
#include <iostream>

class Rect
{
private:
  int w;  // 幅
  int h;  // 高さ
public:
  Rect() { }
  Rect(int ww, int hh) {
    w = ww;
    h = hh;
  };
  void print()
  {
    std::cout << "四角形の幅= " << w << "高さ =" << h << std::endl;
    std::cout << "四角形の面積= " << w * h << std::endl;
  }
};

int main(int argc, char* argv[])
{
  Rect r1 = Rect(25, 75);
  Rect r2 = Rect(100, 75);

  r1.print();
  r2.print();

  return 0;
}
```

問題 9.3

Animal クラスから派生した Horse（馬）クラスを作成して、その内容と鳴き声を出力するプログラムを作成してください。

```
// q9_3.cpp
#include <iostream>
#include <string>

class Animal
{
protected:
  std::string name;    // 名前
  int age;             // 年齢

public:
  Animal(std::string name, int age)
  {
    this->name = name;
    this->age = age;
  }

  void print() {
    std::cout << "名前=" << name
      << "  年齢=" << age << std::endl;
  };
};

class Horse : public Animal
{
  // nameやage、print()はAnimalクラスで定義されているものを継承
public:
  Horse(std::string name, int age) : Animal(name, age) {};

  void bark() {
    std::cout << "ヒヒーーン！" << std::endl;
  };
};

int main(int argc, char* argv[])
{
  Horse* ao = new Horse("あお", 3);
```

```
  ao->print();
  ao->bark();

  return 0;
}
```

第 10 章の解答例

問題 10.1

　数値の 3 倍の値を返すテンプレート関数とそれを使う例を示すプログラムを作成してください。

```cpp
// q10_1.cpp
#include <iostream>

template <typename T>
T triple(const T& v)
{
  return v * 3;
}

int main()
{
  // int型の値の入力
  int n;
  std::cout << "整数:";
  std::cin >> n;

  // int型の3倍の値を出力する
  std::cout << n << "の3倍=" << triple<int>(n) << std::endl;

  // double型の値の入力
  double v;
  std::cout << "実数:";
```

```
    std::cin >> v;

    // int型の3倍の値を出力する
    std::cout << v << "の3倍=" << triple<double>(v) << std::endl;

    return 0;
}
```

問題 10.2

　幅と高さからなるクラステンプレート Rect を作成し、整数と実数の四角形の面積を出力するプログラムを作成してください。

```
// q10_2.cpp
#include <iostream>
#include <string>

// テンプレートクラスRect
template <class T> class Rect {
  T w;  // 幅
  T h;  // 高さ
public:
  Rect(T w, T h)
  {
    this->w = w;
    this->h = h;
  };

  // データを出力する
  void Print()
  {
    std::cout << "幅=" << w << " 高さ=" << h << std::endl;
  };

  // 面積を返す
  double Area()
  {
```

```
      return w * h;
  };
};

int main()
{
  // int型の四角形
  Rect<int> ir = Rect<int>(52, 30);
  ir.Print();
  std::cout << "面積=" << ir.Area() << std::endl;

  // double型の四角形
  Rect<double> vr = Rect<double>(12.3, 34.5);
  vr.Print();
  std::cout << "面積=" << vr.Area() << std::endl;

  return 0;
}
```

問題10.3

整数を保存する vector を作成して、そこにデータを登録してから表示し、さらにデータを検索するプログラムを作成してください。

```
// q10_3.cpp
#include <iostream>
#include <vector>
#include <algorithm>
using namespace std;

int main() {
  // vectorを作成する
  vector<int> v;
  int  n;
  std::cout << "整数を入力してください（終了は-99）" << std::endl;
  // データを登録する
  while (1)
```

```
{
  std::cin >> n;
  if (n == -99)
    break;
  v.push_back(n);
}

// 登録されたデータを表示する
std::vector<int>::iterator it = v.begin();
for (; it != v.end(); it++)
{
  std::cout << *it << std::endl;
}

int  x;
std::cout << "検索する整数を入力してください:";
std::cin >> x;
// データを検索する
vector<int>::iterator i = find(v.begin(), v.end(), x);

if (i != v.end()) {
  std::cout << *i << "は登録されています。" << std::endl;
}
else {
  std::cout << x << "は登録されていません。" << std::endl;
}

return 0;
}
```

数字・記号

A

B

C

■ 著者プロフィール

日向 俊二（ひゅうが・しゅんじ）

フリーのソフトウェアエンジニア・ライター。

前世紀の中ごろにこの世に出現し、FORTRAN や C、BASIC でプログラミングを始め、その後、主にプログラミング言語とプログラミング分野での著作、翻訳、監修などを精力的に行う。わかりやすい解説が好評で、現在までに、C#、C/C++、Java、Visual Basic、XML、アセンブラ、コンピュータサイエンス、暗号などに関する著書・訳書多数。

やさしい C 言語 /C++ 入門

2023 年 5 月 20 日　　　初版第 1 刷発行

著　者　　日向 俊二
発行人　　石塚 勝敏
発　行　　株式会社 カットシステム
　　　　　〒 169-0073 東京都新宿区百人町 4-9-7　　新宿ユーエストビル 8F
　　　　　TEL（03）5348-3850　　　FAX（03）5348-3851
　　　　　URL　https://www.cutt.co.jp/
　　　　　振替　00130-6-17174
印　刷　　三美印刷 株式会社

本書に関するご意見、ご質問は小社出版部宛まで文書か、sales@cutt.co.jp 宛に
e-mail でお送りください。電話によるお問い合わせはご遠慮ください。また、本書の
内容を超えるご質問にはお答えできませんので、あらかじめご了承ください。

Cover design　Y.Yamaguchi　　　© 2023 日向俊二
Printed in Japan　ISBN978-4-87783-459-3